あぶない家計簿

横山光昭

日経プレミアシリーズ

はじめに 「中の上家庭」があぶない？

家計は十人十色。各ご家庭のお金の使い方にはそれぞれ特徴があり、抱える問題も、個別に少しずつ異なります。一つとして同じ家計はありません。

ただ、ファイナンシャル・プランナーという立場から、さまざまな家庭の家計簿を俯瞰的に見ていると、ディテールは異なっても、多くの家計において「これは気をつけてほしい」「こういうときはこんなことが起こりがちだ」という、注意すべき傾向は共通していることに気づきます。

そして、もう少しで破綻に至るところだった〝あぶない家計〟が、アドバイスによって回復に向かうプロセスを見ていると、「人はこのように変わることができるのだ」ということも実感を持って学ばせていただいています。

それら、日頃の家計診断を通じて気づいたり学んだりしてきたことを、少しでも多くの方に伝え、還元することはできないか。そう思って始めたのが、本書の元になる連載「もうかる家計の作り方」です。

私が2012年6月に日本経済新聞電子版でこの連載を始めてから、すでに6年が経過しました。毎回、問題を抱えた家計の事例を紹介しており、2018年11月には170例に達しようとしています。

うまく表現できているかはわかりませんが、事例からは、相談者の方が自分の家計の問題に気がついたときの驚き、「変化させるべき」と気づいたときの苦悩、決意、そして変わるためのきっかけをどう得るかなどを伝えたいと思っています。

ある人は面白おかしく読んでいたり、一方である人は批判的に見ていたり、いろいろな感想があると思いますが、「こういう家計の落とし穴がある」「こういう解決の仕方がある」ということを知っていただき、「もしも自分が同じ状況になったらどうするか」を考えるための知識の一つとしていただきたい、そのような思いで連載を続けてきました。

＊

　今回は、数ある事例の中から、特に気になる「中の上の収入がある家計」をメインに集め、書籍にしていただきました。

　というのも、本文で詳しく触れる通り、こういった、少し余裕のあるご家庭は、収入が少ないご家庭よりも案外お金が貯まりにくく、「気がついたら貯蓄が何もない」という状況に陥ることが多いからです。

　なぜお金が貯まりにくいのか。収入が多めで油断してしまうから？　共働きで忙しいから？　これもいろいろな原因があるでしょうが、何をきっかけに、なぜお金の使い方に緩みや歪みが出てしまうのか、そういったことを、本書を通じて知っていただきたいと思います。

　今は、共働きが増えているので、ここで言う「中の上」に当てはまるご家庭も、多く存在していることでしょう。ですから、なおのこと、そこで起こりやすい問題、気がつきにくい問題などを、事例を通してまずは感じていただくことが、今回の書籍の目的の一つです。

　多くの人が陥りやすい家計の傾向を、見てください。感じてください。そして、人の様子から、自分を振り返ってみてください。昔から「人のふりみて我がふり直せ」と言いますが、まさにそれなのです。良い意味でも悪い意味でも、実例から、失敗から学んでください。

なお、金銭面の改善には、「ウルトラC」などありません。何か一つの変化で急に収支が改善し、貯蓄が十分潤うようになるなどということは、通常はあまりないのです。あるとしても、思わぬ相続や宝くじが当たったなど、特殊な要因がある場合くらいでしょう。

改善のためにできることは、まず今、当たり前だと思ってやっている家計管理法に疑問を持つことから始まります。そして、自分が大切にしたい支出をきちんと認識すること。コツコツと、地道に、当たり前のことを当たり前にやること。それが改善へつながる近道であり、危機に直面している人たちがたどるべき道です。

そういうことを、どのように具体化していくのかは、それぞれ、ご自身の判断によるところであると思います。その策を自分で見つけられるように、今回紹介する事例からヒントを得ていただけたらと思います。また改善の方法も、参考にしていただけたらと思います。

本書では、他にも、最近特に気になるご夫婦間のお金の問題、家計管理法など、今、家計の問題となりやすいことをテーマにしています。多くのご家庭の家計管理に役立てますと、幸いです。

目次

はじめに　「中の上家庭」があぶない？　3

第1章　年収800万以上家庭がなぜ「あぶない」のか　13

平均年収の人より「中の上」の人の方が貧困に陥りやすい理由
なぜ、贅沢をしていないのにメタボ家計になるのか
50代、取り返しがつかなくなってから危機に気づく
30代で1000万円以上貯金のある人の多くは「年収400万円台」
年収750万円以上の家庭でも15％超が「貯蓄ゼロ」
人生後半は「収入格差」より「貯蓄格差」で決まる
なぜ同じ収入で貯蓄が10倍以上も違ってくるのか
食費に月26万で「贅沢していない」？
大企業社員と公務員がなぜあぶないのか
住宅ローンと教育費でつまずく家庭
貯められない「中の上家庭」の共通点とは？

親の世代と同じような老後の迎え方はできない
ぱんぱんの「ブタ財布」の人、冷蔵庫が汚い人は注意？
「いつの間にか」「節約したつもり」の危険
エコや「きれいな暮らし」は形を変えた贅沢？
「みんなと同じ」「仕方ない」は思考停止ワード
「あぶない家計簿」は危機感の薄さから

第2章　「勘違いやりくり術」が家計を圧迫する　57

その「先取り貯蓄」、本当に有効ですか？　58
「貯蓄重視」派が陥ったリボ払いの罠　64
「家計簿はいらない」自信過剰が招く隠れメタボ家計　70
「表の家計簿」は優秀、「裏の家計簿」はあぶない30代夫婦　76
「時間をお金で買う」アラフィフ夫婦の勘違い　81

脱・「勘違い家計術」のための5つの原則
COLUMN 結婚後は不労所得で暮らす!? 投資に溺れる30代女性 91

第3章

暴走する妻……ディスコミュニケーションが招く隠れ貧困 97

会話ゼロ夫婦、無駄だらけのブラックボックス家計 98
やりくりに無関心な妻 夫はどう動くべきか? 104
夫婦の自己主張が強い家計、こだわりはホドホドに 110
夫の給料が月15万減っても、無駄遣いをやめない妻は…… 115
妻の浪費癖、コントロールする秘訣とは? 120
こんな夫婦の家計は悪化する? 破綻を招く危険な習慣
「夫婦別財布」はなぜ貯まりにくいのか?
月1の「家族マネー会議」開催のすすめ
COLUMN 家計簿アプリで支出把握は確実? 早期リタイアを夢みる30代独身男性の現実 130

第4章

教育熱心のはずが……迫り来る「子ども破産」 135

手取り72万円でもカツカツ？ 娘の進学と老後資金 136
定年まであと10年、教育費かけすぎ家庭の末路 143
このままでは定年後があぶない……「子どものため」で追い込まれる家庭 148
シングルだからって教育をおろそかにできない 気負いで家計が圧迫され…… 153
「子どものために」でかえって子どもに迷惑をかけることも……
教育貧乏に陥らないために、育児・教育費用の捉え方のポイント

第5章

ダブルインカムなのに赤字転落 共働き家庭の罠 163

あえての別財布で貯金できる？「思いやり」で赤字になる夫婦 164
仕事を辞めたい妻と、2馬力にこだわる夫。家計の落としどころは？ 170

収入減を家族にひた隠しにした夫 突然の借金発覚に妻は…… 176
待望の妊娠でも収入激減？ アラフォー夫婦を襲う危機 182
「2馬力」は家計全体の収支を見渡しにくくなる
誰が稼いだお金であっても「みんなのお金」と考える
共働き家計は「1馬力になっても大丈夫なように」管理する
COLUMN 婚活に月13万円？ 40歳男性が言えない本当の使途 192

第6章 思わぬ落とし穴 不動産とローンでつまずく家庭

第6章 思わぬ落とし穴 不動産とローンでつまずく家庭 199
貯蓄を減らさないようローン？ 本末転倒な家計 200
「マンション維持費で赤字に」 思い込み夫婦の行く末 206
「子に奨学金はイヤ」 ローンに埋もれる夫婦の決断は 211
「中の上」家庭のためのローンのポイントは？

終章
脱「あぶない家計簿」のポジティブ・アクション　221
家計破綻寸前の「中の上家庭」に共通しているものとは？
子育て世代、定年間近世代があぶない理由
「あぶない」と思ったら、まずやるべきことは？
消費：浪費：投資＝70：5：25のバランスを目指す
世帯年収1500万円以上では、消費：浪費：投資＝50：5：45が理想的
まずは「固定費」を見直すのがてっとり早い
食費をコントロールするための「1週間財布」
忘れてはいけない共働き家庭の「財布の共有化」
貯蓄は3種類を、順番に行う
貯蓄と並行してやっていい投資、やってはいけない投資
iDeCoとつみたてNISA、どちらがおすすめ？
まずはバランス型商品を買ってみて自分のリスク耐性を試す
健全な家計を保つために、一番大切なこと

第 1 章

年収800万以上家庭がなぜ「あぶない」のか

平均年収の人より「中の上」の人の方が貧困に陥りやすい理由

「全然貯金ができていないんですが、うちはこれから、大丈夫なんでしょうか」
「定年が近づいているのに、ローン返済の見通しが立ちません」
「毎月の赤字をボーナスで補塡するような自転車操業の毎日でして……」
「このままでは老後破産するんじゃないかと心配です」

私はファイナンシャル・プランナーとして、日々多くのご家庭の家計相談を受けています。その中で実感するのが、家計の逼迫度合いに収入はあまり関係ないということです。

「預貯金が少なく生活苦に陥るのは、収入の低い人である」と思い込みがちですが、実際さまざまな家計簿を見ていると、必ずしもそうとは限りません。

私のところに家計相談に見えるお客様の中には、平均以上の収入がある人、例えば世帯年収800万円、1000万円という人がかなり多くいらっしゃいます。

2017年の国民生活基礎調査によれば、日本の世帯年収の平均は560万円ですから、

８００万円程度の世帯年収がある家庭は、少なくとも「中の上」には該当するといえるでしょう。普通に考えれば、富裕層のようなリッチな暮らしは望めなくとも日々の生活に困ることはなく、自分の楽しみのための消費も少々できて、さらに貯蓄もできるはずです。

しかし、ゆとりがあるはずの「中の上家庭」の実態は、大赤字、家計は火の車であるということが少なくありません。なかには、積み重なる赤字に苦しみ、実家の両親に無心をしたり、ついにキャッシングに手を出してしまったという人までいました。きちんと働いていて、そこそこ収入のよい人が家計の赤字補塡のためにキャッシングとは、まさか信じられないと感じる人もいるでしょう。

貧困状態にあるとは思えない人が貧困状態にあることを、「隠れ貧困」と言ったりしますが、この隠れ貧困の人が「中の上家庭」に意外と多いのです。

この認識は私以外のファイナンシャル・プランナーにも浸透しているようで、「平均的な年収５００万円台の人よりも、少し年収が高い人の方が、実は貯蓄がない」という論調で家計診断を取り上げているのをよく見かけます。

なぜ、贅沢をしていないのにメタボ家計になるのか

なぜ、平均を上回る世帯収入があり、可処分所得も多いと思われる人たちが、「隠れ貧困」に陥ってしまうのか。

その多くはほかでもない、お金の使い方に原因があります。

このように書くと、年収に見合わない額のマンションを購入するような人、身の回りのものを有名ブランド品でそろえ、こじゃれた店でしょっちゅう外食するような人、家族で頻繁に海外旅行をするなど、身の丈に合わない浪費をする人を思い浮かべるのではないでしょうか。

しかし、実際、「貯金がない」と私のところに相談に来る人の多くは、このような派手なセレブ生活を送っている人たちではありません。傍目にはほかの人と変わらない、普通の暮らしを営んでいる人たちなのです。

なぜ、わかりやすい浪費をしていないのにもかかわらず、隠れ貧困に陥ってしまうのか、

詳しくは後ほど書きますが、ここで一例に触れてみましょう。

例えば、「家で食べる食材は、安全面を配慮して国産品を中心にしたい」「近所の格安なスーパーよりも、少し高いけれど、品質のしっかりした新鮮な食材を扱う店を利用したい」、育ち盛りのお子様を持つ家庭などで、こういうふうに考える人は多いものです。身の丈に合わない贅沢をするつもりはまるでなく、あくまで「少しだけ」こだわるのです。

このこだわりが食費だけで収まればまだ大きな問題になりにくいですが、洋服も、ファストファッションより「少しだけ」いいものを買いたい、トイレットペーパーやシャンプーや洗剤などの日用品はもともとたいした価格ではないから、近所のドラッグストアの中で比較的価格帯の高い「少しだけ」いいものを使いたい、といったように、いつの間にか「少しだけいいもの」を購入する習慣が支出全体に伝播してしまうと、思わず家計を圧迫することがあります。

こういった、小さな支出があちこちでジワリと増え、気がつけば多額の支出につながってしまう家計の状況を、複数の病気や異常が重なり、内臓脂肪が蓄積してしまう「メタボリックシンドローム」の発生機序になぞらえて、「メタボ家計」と呼んでいます。

ある程度の収入があり、まとまった貯蓄ができてもおかしくないのに、支出が多くてなかなか貯蓄ができない家庭、赤字になってしまう家庭は、多くの場合、このメタボ家計に陥っています。

50代、取り返しがつかなくなってから危機に気づく

メタボになっていることに気がつかずに過ごすと、気がついたときには修復が難しい状況になりがちです。

前述したような、外食に旅行三昧の派手な暮らしをしているのであれば、ほかの家庭と我が家の暮らしを見比べて危機感を持つこともあるでしょうが、一見、普通の暮らしをしている「メタボ家計」の人たちは、30代40代の段階では自分たちの見えない浪費に気がつきにくいといえます。

そして、「貯金が○円しかない。このままでは、老後破綻が見えている」「定年が迫っているのにローン返済のメドが立たたず、老後の生活はどうなるのか」など、晩年に近づき収入が少なくなっていくというタイミングで、家計の危機に気づきます。慌てて、家計の内訳を

第三者に見てもらってようやく、自分たちが小さな浪費を重ねていたことに思いいたる、ということになってしまうのです。

しかし、後でも触れますが、50代に入り、収入がもはや増えないと思われる段階で危機に気づいていたのでは、家計の修復は、非常に険しい道となります。

今、「我が家の貯金は少なすぎるのではないか」と感じることがある人は、自分の家計もしくは支出の仕方がメタボになっていないか、振り返ってみましょう。それだけ、多くの人が陥りやすい家計の不具合であり、進行すると「隠れ貧困」になる危険性が高いのです。

30代で1000万円以上貯金のある人の多くは「年収400万円台」

今は特に、「貯められる人」「貯められない人」が二極化している時代といえます。

貯められない人は、「なぜうちは思うように貯蓄が増えていかないんだろう」と疑問を抱えています。そして、「消費税がどんどん上がるせいだ。政府が悪い」「そもそも、うちの会社の給料が上がらないのが悪い」と、資産が少ない理由を自分のせいではなく環境のせいだと捉えて、国の政治や自分の勤務先を批判します。

しかし、年収が300万円でも400万円でも、貯められる人はきちんと貯めている、という事実から目をそらしてはいけないでしょう。

クレジットカード会社の調査で、「30代で1000万円貯められた人」の年収を調べたところ、その多くは「年収400万円から500万円」の人たちでした。収入が少なすぎるというわけではありませんが、だからといってちょっと贅沢するとすぐなくなると思われがちな年収層です。それでもお金の使い方を意識し、しっかり貯められる人が多いということです。

一方で、年収1000万円でも貯金ゼロ、いや、借金だけがあってマイナスという人もいます。

たくさんのご家庭の家計簿を見てきた経験からいうと、そのご家庭の収入と貯蓄額には、驚くほど相関関係がないのです。

年収７５０万円以上の家庭でも15％超が「貯蓄ゼロ」

貯蓄に差があることは、家計調査からも見えてきます。２０１７年の平均貯蓄額は「２人以上の世帯」で１８１２万円。ですが、中央値は１０７４万円です。どちらにしても多額を貯めているようにも見えますが、「一番多い世帯貯蓄額」という観点でこの調査を見ると、最も多いのは「１００万円未満」であるという結果なのです。２人以上の世帯では、平均値を下回る世帯が67％と全体の約３分の２を占めているのが実情です。

平均値を押し上げるほどたくさんの貯蓄を持っている世帯が少数ある中で、このように「貯蓄がゼロ」という世帯が多数あるのです。

この「貯蓄ゼロ世帯」は徐々に増えており、ここ数年では30％を超えてきています。このデータでは、「預金口座にはお金がないが、タンス預金を数百万円持っている」という人も、この貯蓄ゼロ世帯に含まれていることにはなりますが、それでも貯蓄ゼロの家庭が決して少なくないことがわかります。

年収帯ごとに見てみると、「年収750万～1000万円」の世帯でも、貯蓄ゼロ世帯は15％を超えるほどいます。さらに「年収1200万円以上」の世帯でも9％ほどが貯蓄ゼロという調査結果もあります。

日本人は貯蓄好きといわれているのに、年収が高い人が貯蓄できていないという事実は、不思議なことです。この事実に関して、私はニューヨーク・タイムズの取材を受けたくらいです。「貯金が好きな日本人なのに……一体どうしたんだい？」とでも思われたのでしょう。

残酷なようですが、これが目をそらしてはいけない「貯蓄格差」の実態です。

人生後半は「収入格差」より「貯蓄格差」で決まる

「収入格差」が表から見えやすいのと比べて、「貯蓄格差」はなかなか見えづらく、周囲の人と簡単に比べられるものではありません。「収入格差」はある程度、可視化されるがゆえに周囲より少なければ嫌でも意識してしまいますが、貯蓄の差は可視化されない分、日常生活の中で誰からも指摘されず、本人も危機感を持ちにくいといえます。

しかし、若いうちはともかく、50代、60代と年齢を重ねるにつれて、収入の差はそれほど大きな問題ではなくなり、むしろ保有している資産の差がその後の人生の明暗を分けることになるのは誰の目にも明らかでしょう。

例えば、30代時点で年収400万のAさんと年収1000万のBさんがいたとします。もしかすると、この時点でBさんはAさんに対して「勝ち組」意識を持っているかもしれません。ところが、この2人が家庭を持ち、子どもを育てて定年を迎える年齢になると、Aさんは住宅ローンも終わり貯蓄は退職金を合わせて数千万円、Bさんは退職金を住宅ローン完済に充て、残った貯蓄が数百万円しかない。圧倒的な貯蓄格差が発生し、立場は逆転。いつの間にか、収入の少なかったAさんの方が人生後半の「勝ち組」になる……というようなことは、本当にあちこちで起こっている事実です。

それほど、貯蓄格差は人生後半を決する重要な課題であるのに、これまで長い間、収入格差ほど多く取りざたされてきませんでした。

人生100年といわれる超高齢化時代に入りました。老後が長くなるこれからの時代ではなおさら、貯蓄格差は大きな意味を持ってきます。

なぜ同じ収入で貯蓄が10倍以上も違ってくるのか

実際、多くのご家庭の家計相談をしていると、同額の収入のあるご家庭でもこんなに貯蓄に差が出るものなのかと感じることが多々あります。

例えば世帯で1000万円の年収がある同じ年齢、同じ家族構成の家庭でも、一方の家は「貯金100万円以下」、もう一方は「貯金数千万円以上」ということが珍しくありません。もちろん、親から贈与を受けたり、宝くじが当たったりなどの特殊要因はここにありません。一体この差はどこから生まれると思いますか？　繰り返しますが、やはり日々の「お金の使い方」によるのです。

貯蓄ができない家庭は、往々にして「メタボ家計」気味です。前述のようなメタボ家計になっているご家庭と、必要なところにだけお金をかけ、それ以外を節約しているご家庭では、当然お金の残り方が異なります。1カ月の家計の収支で生まれる差はたった数万円かもしれませんが、それが1年、10年と続いていけば、100万円、1000万円にもなります。そういった小さなことの積み重ねで、大きな差が生まれてしまうのです。

もちろん、家族構成により教育費がより多くかかったり、医療費や介護費がかさんでしまったりすることはあります。逆に相続で思いがけないお金が入るなどさまざまな要因が貯蓄に影響してきますが、それでもやはり、貯蓄格差を最終的に大きく左右するのは、「お金の使い方」なのです。

貯蓄ができるか否かは、年収だけでは判断できないのです。当たり前すぎることを何度も言うようですが、この点をしっかりと理解しておいてください。

同じ１０００万円の年収でも多くの世帯が多少なりとも貯蓄をしているのに貯蓄ができないということは、やはり「お金の使い方」を考え、改めなくてはいけないということになります。

貯まらないのは、そこそこの収入があり自分の思うようにお金を使っても極端に困ることがないので、なかなか生活水準のダウンサイジングをしようという気持ちになれず、あるだけ使ってしまう暮らし方になっている、ということが原因ではないでしょうか。

特に、「これまで何とかなってきた」「現在まあ何とかなっている」という状況が最大の、貯蓄の弊害になってしまう方が多いのです。

ここで、私が家計診断を受けたケースの中から、その一例を挙げてみます。

パターン1

プチ贅沢が積もりに積もって、老後破綻寸前の家庭

老後資金3000万円でも70歳で破綻　50代夫婦の誤算

専業主婦のAさん（53）がショックを受けた様子で相談に来ました。

「これからの人生を考えて、老後も含めたライフプラン表を自分で作ってみたんです。そうしたら、夫が70歳になった時点で我が家の貯金はゼロになるようで……。これから、どうしたらいいんでしょう」

彼女のご主人（54）は大企業に勤める会社員です。これまで2人の子どもの教育費を払いながら約800万円を貯蓄しました。夫の退職金も約2200万円もらえる予定なので、老後資金は3000万円ほどが見込まれています。それなのになぜ老後破綻してしまうのでしょう？

Aさんは2人の子どもがすでに独立していることもあり「老後の生活は悠々自適だろう」

と思っていました。夫の定年退職後、公的年金がもらえる65歳になるまでの5年間は蓄えで暮らすとしても、年金が受給できるようになれば、また安定した生活に戻れると考えていたのです。「夫と老後を楽しもう」との思いで作成したライフプラン表ですが、「計算の仕方が間違っているのか」とAさんは不安でなりません。

◪高収入なのに……夫が65歳時点で手元にたった420万円？

Aさんの夫の収入は手取りで月約46万円、夫婦の支出は月約43万円です。収支は赤字ではありません。ただ貯蓄が800万円あるとはいえ、収入の割には貯蓄が少ない。50代夫婦としては、正直少し不安な貯蓄額です。夫のボーナスも夏冬それぞれ手取りで約90万円支給されるそうですが、気がついたらほとんど残っていないそうです。

子どもたちが学校に通っている間は「節約し、何とか貯蓄しなくては」と家計をやりくりしていましたが、子どもたちが働き始めて手がかからなくなった頃、夫の収入がぐんぐん上がり始め、それにつられるかのように支出も多くなっていきました。そのため、ここ数年は貯蓄を増やせませんでした。

この膨らんでしまった支出を減らしていかないと、老後の生活は早々に破綻します。今の月43万円の支出だと、夫が無年金の60～65歳の5年間は年516万円の生活費が必要です。65歳以降は、夫の公的年金の受給額が概算で月に約22万円。妻の分の約6万円を加えても約28万円にしかなりません。

月々約7万円の住宅ローンの返済は夫が65歳のときに終わるので、単純に考えると月の支出は43万円から7万円を差し引いた約36万円になりますが、公的年金は夫婦合わせて月約28万円なので、毎月約8万円を蓄えから補塡することが必要です。1年間だと約96万円にもなります。そのほか、生活費以外でお金がかかることもあるでしょう。

夫が退職した時点では退職金も含めて貯蓄が3000万円に達するとしても、65歳の年金受給開始までの5年間に少なくとも516万円×5＝2580万円を貯蓄から取り崩すことになるので、65歳時点の貯蓄額は多くても約420万円。65歳以降の貯蓄からの補塡額は年約96万円ですので、この420万円は4年余りで底をつく計算です。

夫が70歳になった時点で家計が破綻するというAさんの試算は間違っていなかったのです。

改善前　　　　**改善後**

手取り収入：夫 **462,000**円
妻 **0**円
計 **462,000**円 ❶
貯蓄： **800**万円

月の支出

費目	金額	改善後	増減額
住居費（住宅ローン）	72,000		
食費	93,000	→ 62,000	（▲31,000）
水道光熱費	35,000	→ 30,000	（▲5,000）
通信費（スマホ代、ネット回線）	21,000	→ 11,000	（▲10,000）
生命保険料	32,000	→ 18,000	（▲14,000）
日用品代	7,000		
医療費	6,000		
教育費	16,000		
交通費	4,000		
自動車関連費	25,000		
被服費	31,000	→ 15,000	（▲16,000）
交際費	17,000	→ 5,000	（▲12,000）
娯楽費	5,000		
こづかい（夫4万円、妻1万円）	50,000		
嗜好品	5,000		
その他（新聞・NHK・理美容など）	13,000		
支出合計 ❷	**432,000**	増減額計	**▲88,000**

❶－❷＝ **30,000**

改善前
夫の収入が増えるとともに支出も増えた。食費が外食中心で膨らんだり、それまで我慢していた洋服もよく買うようになったりした。妻の交際費も増えた。老後資金を増やしていくためには、家計をダウンサイズする必要がある

改善後
外食が中心だった食費やエアコンを24時間つけっぱなしだった電気代のほか、洋服代、交際費などの支出を減らした。通信費や生命保険料といった固定費も見直し、支出を月８万8000円圧縮。老後の見通しも明るくなった

◪小さな心がけで、月に9万円弱も支出減

老後の資金が不足している場合の対応は、家計の改善と同様に収入を増やすか支出を減らすかの2つしかありません。

夫が定年後も再雇用などで仕事を続けたり、妻が働きに出たりして収入を増やす一方、生活費を減らして余剰金を捻出し、貯蓄を増やすことが今、Aさん夫婦にできることなのです。家計をダウンサイジングできれば、老後資金から支出する生活費を少なくすることができ、蓄えが長持ちします。

Aさん夫婦の家計は夫の収入増に伴って外食中心となった食費のほか、Aさん自身の交際費が膨らんでいます。子どもが独立するまでは我慢していた洋服なども頻繁に買うようになりました。エアコンを24時間つけっ放しにすることも多く、水道光熱費も高くなっています。一度味わったラクと贅沢を手放したくない、つまり「支出を減らしたくない」とAさん夫婦は当初、家計改善に抵抗していました。しかし、それ以外に老後資金を増やす効果的な方法はありません。

一方、支出が増えたのは自由になるお金や時間が増えたことによる気のゆるみが原因でし

たので、子育てをしていたときのように節約に神経質になる必要はないものの、当時のつつましい暮らしに近づけることを目標にしました。

とはいっても、外食を減らして自炊を増やしたり、洋服を買う頻度を減らしたり、エアコンは必要なときだけつけたりといった基本的なことです。さらにスマートフォンを格安スマホに替え、しばらく見直していなかった生命保険も夫婦2人で暮らしていくのに最低限必要な保障内容の商品に入り直しました。

こうした取り組みで支出は月に8万8000円ほど減り、月に11万8000円を貯蓄することができるようになりました。今の生活を継続できると、ライフプラン表では夫が90歳になるまでは貯蓄を取り崩しても破綻しない見通しが立ちました。もし、夫が60歳以降も働くようになれば家計はさらに改善しますし、生活費をより圧縮できればAさんの不安も少なくなりそうです。

＊　＊　＊

このAさん夫婦のように、小さな出費が積もりに積もって、老後破綻の危機に直面してしまうというのは、収入に余裕のある「中の上家庭」ならではのケースといえるでしょう。

人生100年といわれる今、このようなプチ贅沢の積み重ねが家計を圧迫するばかりか、老後資金を脅かすことにもなります。本来は貯められたはずのお金を貯めずに暮らしていることは、結局は「将来必要になるお金を今使ってしまっている」のです。今、現実にしっかりと向き合うことの大切さに、早く気づきましょう。

食費に月26万で「贅沢していない」？

家計相談の現場で見ていても、年収の割に貯蓄が少なく、老後ピンチに陥る方は、当然ですが結局のところお金を使っています。

それも、自分が思うように使うというだけではなく、子どもの教育のために惜しむことなくお金を使う、または「仕事上の付き合い」という名目で毎日のように飲み会に行っている、自分には小遣いがないからと妻が自分の化粧品や洋服代などを家計費に紛れ込ませてかなりの金額を使っているなど、さまざまなことがお金を使ってしまう背景にあります。

信じられないことかもしれませんが、実際に、子どもの教育費に1カ月30万円以上を使うご家庭もあります。３人暮らしなのに、食費が毎月26万円もかかるご家庭もあります。ご主人の仕事のために交際費を毎月40万円かけるご家庭もあるのです。「一体、何をどうしたらそんなに使えるんだろう」と不思議になるような額ですが、いずれも、私が家計診断で出会った人たちの実例です。

収入の高いご家庭ほど、「本当に、こんなにかけているのですか？」と聞き返したくなるようなお金の使い方をしているケースがあります。そういったご家庭はほとんどといっていいほど、来年の教育費に困っていたり、親の介護費が出せずにいたり、クレジットカードの支払いが滞り困っていたりというピンチに出くわします。そうしてそこから、慌てて家計を改善しなくては、と思い動き出すのです。

家計相談にやって来て、多くの人が口にするのは「贅沢はしていないのですが……」という言葉です。教育費月30万円も、食費月26万円も、いずれも、ご本人にとっては必要だと思って支払っているお金です。全くもって、お金のかけすぎだとか、無駄な支出だなどとは疑っていないのです。

これは少し極端な例ではありますが、高所得でも貯蓄ゼロ。こういう人は、そんなお金の使い方をしています。自分のお金の使い方がよく見えていないのです。

大企業社員と公務員がなぜあぶないのか

このような状況の中、先にも書いた通り、高所得とも言い切れず、低所得にも当たらない、「世帯年収800万以上」の家庭が特に気になります。収入がある程度あり、思うようなところにお金を使っていけるこの年収の層は、「隠れ貧困」予備軍が増えていると私は思っています。

この層の人は、本来、安易に浮かれてお金を使うことができない層です。

しかし、大企業の社員だったり、公務員だったり、比較的安定しているとされる職業に就いている人が多く、そのため強い危機感を持っていないケースも多く見られます。焦らなくても安定的に、ある程度の収入を得られることが、「将来も困ることがなく暮らせるだろう」という安心材料になっているのです。

おそらく、このような立場の人が今の職場で働き続ければ、退職金も1500万～

2000万円ほど期待できるのでしょう。年金も、まあ生活していける程度の金額はもらえると見積もっているはずです。そういう見通しもあり、毎月の収入は使い切り。月の収入から貯蓄はしません。老後の生活も気にはなるけれど、「退職金も年金もあるからいいさ」と思っている人もしばしば。しかし、最近は今までそうして安心して暮らしてきた人たちが、老後破綻を心配し、家計相談にやって来られるのです。

住宅ローンと教育費でつまずく家庭

安定した大企業の社員や公務員の方々に特徴的なお金の使い方を挙げてみます。

まず、住宅ローンを退職金で繰り上げ返済しようと計画し、マイホームを購入している人が多い傾向にあります。現在の貯蓄も十分ではないのに、「退職時には退職金があるから今買っても完済できるだろう」とお金があるつもりになって、住宅を購入してしまっているのです。

老後資金も同じく「退職金があれば大丈夫」と甘く考えていることが多く、まだ影も形もない、未来の退職金に「ローン完済」「老後資金」「子どもの大学費用」など、2つも3つも役割を持たせてしまいます。それらを支払っていけば、確実になくなっていくはずなのに、1つの支払い計画だけを立てて、まだ退職金は2000万円あると思い込んでしまいます。そうして、老後に入るギリギリになり、これらすべて支払えば自分の手元に残る金額が少ないことに気づき、「住宅ローンの残債を払ってしまえば、老後資金が足りなくなる」などと慌てて、どうしたらいいかと家計相談に来るのです。

こういう層の方々は、一見ゆとりがあり、趣味や食などいろいろなことにお金をかけてきたのに、将来を見据えるとお金が不足する、「隠れ貧困」目前の予備軍であることが多いのです。今はよくても、将来的に行き詰まってしまうことが予測できない、甘い考えの持ち主といえます。安定している、保障されている、そういう環境がお金の感覚を麻痺させているようにも感じます。

また、老後資金を考えずに、子どもかわいさで、教育費を湯水のようにかけてしまうということが起こりやすい人たちでもあります。もし、若い頃に教育費がかかる時期が来るのであればまだ挽回も考えられたのでしょうが、今は出産年齢が高くなっています。つまり、老後資金を貯めるべき年齢で教育費に手元のお金を使ってしまうので、自分たちの老後資金が準備できないのです。

このように、「安定」と「保障」にあぐらをかき、自分たちにお金があると勘違いをしていると、気がついたときには「隠れ貧困」になってしまい、簡単には抜け出せない状況になってしまうこともあります。

ここで、私が家計相談を受けた例の中から、「隠れ貧困」に陥っている「中の上家庭」の家計簿を見てみましょう。

パターン2 安定した仕事だから、お金が貯まらない家庭

「公務員だから安泰」は甘い　赤字垂れ流し家計

「やはり夫の小遣いが10万円って、多すぎですよね……」と言うパート主婦のBさん（44）。どうやら私に同意を求めている様子です。夫が小遣い削減に協力してくれないと悩み、家計相談に来ました。

夫（48）は役職がある公務員で、手取りは毎月42万円ほど。Bさんは専門職のパートで、

手取り16万円ほど。中学2年生、中学1年生の息子2人がいる4人家族です。夫婦で約58万円の収入があれば、生活には十分足りるはずです。

ですが、残念なことにB家の家計は赤字です。もともとは夫の収入からBさんが14万円もらい、残りを夫が自分で管理するという「夫婦別財布」の家計管理方法でした。貯蓄は夫がすることになっていたので、Bさんは予算を使い切っても安心していました。

しかし、このやり方では貯蓄ができないだけでなく、毎月のように赤字を出し、夫の親に援助してもらうという状況でした。そのため急遽、家計の全部をBさんが管理することになったといいます。

■赤字なのに「現状維持で」と言う夫

夫は家計のやりくりにあまり関心がなく仕事中心。赤字にもかかわらず、「現状維持で大丈夫」と言うそうです。Bさんが老後資金について相談しても、「定年になれば退職金が2000万円以上出るし」「年金も多分、心配ない」「再任用制度もできたから」など、自分の将来にかなり楽観的な見通しを持っているそうです。

改善前

手取り収入：夫 423,000円
妻 161,000円
計 584,000円 ❶
貯蓄： 370万円

月の支出			
費目	金額	改善後	増減額
住居費（家賃）	114,000		
食費	124,000	→ 82,000	（▲42,000）
水道光熱費	31,000		
通信費（スマホ代、固定電話、ネット回線）	28,000	→ 15,000	（▲13,000）
生命保険料	29,000		
日用品代	8,000		
医療費	3,000		
教育費	99,000	→ 66,000	（▲33,000）
自動車関連費	62,000	→ 32,000	（▲30,000）
交通費	2,000		
被服費	5,000		
交際費	3,000		
娯楽費	5,000		
こづかい（夫10万円、妻5,000円、子各1,000円）	107,000		
嗜好品	2,000		
その他（新聞・NHK・理美容など）	16,000		
支出合計 ❷	638,000	増減額計	▲118,000

❶－❷＝▲54,000

改善前
以前は夫婦別財布だった影響か、夫婦それぞれにこだわり支出があり、家計は赤字。食費、教育費、自動車関連費、小遣いが高額で気になる。公務員の夫は安定収入があり、将来の保障もしっかりしているので、赤字で貯蓄ができなくても気にしない

→

改善後
こだわり支出にメスを入れ、支出の仕方を変えた。夫の小遣いと自動車関連費の割合が大きいので、よく話し合って変えていった。将来的に資金が不足する可能性が高いことを理解してもらい、貯蓄にも協力してもらうことにした

ですが、年金暮らしの親の援助に頼って暮らすのは決して褒められたことではありません。現在、貯蓄は370万円あるとはいえ、子どもは年子なので大学進学などの教育費も同時期に必要になると覚悟して、貯めなくてはいけません。

また、退職金が2000万円出るそうですが、老後生活で何か不測の事態が起きたときにはこれだけでは安心できません。現状ではボーナスからも貯蓄できていないということですから、根本的に家計のやりくりを変える必要があります。

◪夫の小遣いは月に実質16万だった

家計管理の方法を変えてから始めたという家計簿を見てみると、食費12万円と夫の小遣い10万円が目につきました。

聞くと、夫の小遣いの使い道はほぼ趣味だそう。夫は多趣味でゴルフ、釣り、山歩きなどアウトドアを好み、仕事上の付き合いも兼ねていることを口実に、積極的に出かけるのだそうです。

また、小遣いとは別に、夫が好きでこだわって買った自動車にかかるお金も家計費から出ています。ローン、保険、ガソリン代で月6万円強です。家族も一緒に乗る前提で購入したものの、夫がアウトドアに出かけるとき以外、ほとんど使っていません。こうなると、夫の小遣いはなんと実質16万円ほどになっているともいえるでしょう。

12万円を超える食費は、外食を楽しむ回数が多いのが原因です。そのほか、育ち盛りの子どものためにいつも食材を余分に買いすぎ、腐らせて捨ててしまうことが多いこと、おやつと称して冷凍食品を中心に軽食を食べさせていることなども高額になっている原因です。「子どもにはしっかりした教育を受けさせなくてはいけない」という考えのBさんは、2人の息子を塾に行かせつつ、評判のいい家庭教師を雇い、ほぼ強制的に勉強させています。そのため、教育費も比較的高額です。

夫婦とも、それぞれにこだわりがあり、そのこだわりに関する支出がかさんで赤字になっていることがわかりました。後はどう絞っていくかです。

まずは、月のやりくりを黒字にすること、親の援助に頼らない生活にすること、夫も家計に巻き込むこと——の3つを目標にしました。

食費は支出が膨らんでいる原因がはっきりしていたので削減は簡単でした。外食の回数を減らし、食材の無駄をなくすため購入した食材のメモを残し、使い切ったらそのメモを消す方法で管理しました。単純で当たり前のことをしただけで、月4万円以上減らせました。

また、子どもが嫌がっていた家庭教師はよく考えた末、やめることにしました。

家計改善で支出が12万円弱減る

問題は夫の小遣いです。夫には家計表とともに、小遣いと自動車関連費が家計の中のどのぐらいの割合を占めているのかを見せながら話し合いました。これから教育費が本格的に必要になって貯蓄はすぐなくなるだろうということ、自分たちの老後は2000万円の退職金と年金だけでは豊かに暮らせない可能性が高いことなど、さまざまなことについて時間をかけて話し合いました。時には私のところに夫婦で話を聞きに来ることもありました。

夫からは最初、「家族も自動車に乗せる」などの提案しか出てきませんでしたが、ようやく「小遣い額は変えず、趣味を控えることによって自動車維持費は自分（夫）が払う」ということでまとまりました。大きな改善ではないかもしれませんが、少し前進です。

こうして支出は11万8000円減り、家計は6万4000円の黒字になりました。毎月貯蓄ができますし、ボーナスからも使途不明金を出さないようにして貯蓄していく計画です。当初目標に掲げたことは、すべて達成できたといえます。

このように、公務員や大手企業に勤める人は安定した収入があり、年金などの社会保障、退職金も見込める場合がほとんどです。今では定年後の再雇用制度もしっかり整備されており、少々の資金不足も怖くはないと思っている人もいるでしょう。

しかし、再雇用の収入も、年金の収入も、現役時ほどの収入にはなりません。その収入減の影響は予想外に大きいのが現実です。そこに気づかず、期待をし、「貯蓄を積極的にしなくても生活に困ることはないだろう」と安心しているケースをよく目にします。ですが、きちんと貯蓄をしていないと子どもの教育費が必要なタイミングになって学費を支払うことができず、学資ローンを利用して、将来確保できるはずだったお金から支払わなくてはいけないということが起こります。

将来もらえると期待していたお金に、支払う予定を作ってしまうのですから、将来の資金計画も当然、変わってきます。

このように、確かに今は安定しているのかもしれませんが、将来も必ずそうだという保障はないのです。いざお金が必要になったときに「こんなはずじゃなかった」ということにならないよう、油断することなく今から準備をしてほしいと思います。

＊＊＊

貯められない「中の上家庭」の共通点とは？

世帯年収800万円以上といった、ある程度多めの収入があるのに、家計が赤字。子どもの大学の入学金は問題なく準備できるはずだったのに、どこからかき集めたらよいかわからない。老後資金も準備ができていなくて、どうしよう……。こんな状況に陥る人が多いと感じるのが、いわゆる「中の上家庭」です。

こういうご家庭の特徴のひとつとして、まず、「家計の把握」ができていないという点が挙げられます。家計簿はただつけているだけで満足している状態になっていたり、そもそも家計簿をつける習慣がなかったり。家計における全体像の把握は、当然、基本中の基本です。我が家は何にいくらのお金を毎月使っているのか、そもそもその支出は本当に必要なものなのか、そういったことも考えずに、ただ何となくお金を使って暮らしているのです。

家計相談の場面では、そういったご家庭でも支出の状況を伺い、口座引き落としやクレジットカードの利用履歴などを確認しながら、大まかな1カ月の支出をまとめた「家計表」を私は作成します。少し時間がかかることですが、それができたときにみなさんが口にするのは、「こんなに使っていたのですか!」という言葉です。

ある人は、食費が12万円もかかっていることを知り、ある人は家族みんなのスマホ代を合わせると4万円にもなることを知り、ある人は、小遣いにあたっていない妻の〝妻費〟が5万円にもなっていて家計を圧迫していることを知る、などみなさんそれぞれ新しい発見があるようです。そして、どのような場合でも一様に驚くのです。

現代のように収入が伸び悩む時代に、「お金を何にいくら使っているかわからない状態」なのにとりあえず暮らしていけるということは、確かにすごいことだと思います。

ですが、こういうダダ漏れのような形で月々支出している「中の上家庭」はいずれ、きちんと支出の仕方を把握し、考え、メリハリをつけたやりくりをしている年収400万〜500万円のご家庭に、貯蓄格差の面で大きく引けをとることになります。

お金の管理に緩みがある「中の上家庭」は、将来を見据えた動きをすることが下手です。今、ここで支払額が大きい費目がわかったのに、変わろうと行動しない。変わらなくてはいけないという危機を感じにくいのです。

そして、早いうちに支出を抑えないので、何度も書いた通り老後間近になり、「老後の生活費が生きている間に底をついてしまいそう」と泣き言を言わなくてはならなくなるのです。

親の世代と同じような老後の迎え方はできない

最近来たお客様に、ご主人の収入がある程度高く、奥様はずっと専業主婦で悠々自適に暮らしてきたのに、定年退職後の家計は崩壊寸前、という方がいました。ご主人は再雇用制度を使って仕事を続け、手取り収入はそれでも30万円ほどを維持しているのに、家計は赤字。退職金で住宅ローンの残債を一括返済する予定でしたが、気がつけば退職金が3分の1以上減ってしまい、返済すると老後資金がほぼなくなる状態でした。

ご主人の収入だけでは毎月の暮らしができないので、奥さんは老齢年金を繰り上げ受給。長生きした場合、受給する年金の総額が65歳からもらうよりも少なくなることがすでに確定しています。

これらは、30代40代と、ある程度の収入があったのに、生活の仕方、支出の見極めをしなかったために起こったこと。老後は収入が減り、現役時と同じ生活は難しいということだけでも認識し、生活費をダウンサイジングできていればよかったのです。

このような状況になってしまってからでは、もはやできることは少ないものです。今後、これまでのような収入を見込むことが難しい年齢に入るのですから。

できることは、「生活費を小さくすること」「働いて収入を得ること」、この2つです。もう少し若い頃にきちんと見直しておけば、こんなことにはならなかっただろうと思われます。

今の中高年の親や祖父母は、それだけで暮らせるほど、年金がもらえる人が多かった世代です。そういう人たちを見て、「自分もきっと親たちのように暮らせるだろう」とまではいかなくても、「何とかなるでしょ？」と楽観視するのは、今の時代、間違いです。年金だけでは暮らせない、それを肝に銘じておかなくては、老後、生きていきにくくなります。
こういった生活費の捉え方の甘さが、中の上の家庭の特徴かもしれません。

ぱんぱんの「ブタ財布」の人、冷蔵庫が汚い人は注意?

お金が貯まらないご家庭には、共通したいくつかのよくない生活習慣があります。これはもちろん、家計簿からは見えません。ただ相談者の方の暮らしぶりや生活の仕方を伺っていく中で気づいた傾向です。

年収にかかわらない話ですが、「お金の貯まらない家」には似たような傾向があります。

例えば、このような家庭の玄関先には、普段履かない靴が散らばっていて、乱雑な印象を受けることがあります。リビングも片づいておらず、不要のものが出しっ放しになっていたりします。

また、冷蔵庫の中が汚いのも、お金が貯まらない人の特徴の一つではないでしょうか。食材が整頓されておらず、しなびかけた野菜や、賞味期限切れのものがそのまま放置されていたりします。「今、冷蔵庫にどんな食材が残っているか」を家族の誰ひとり、きちんと把握していないことが、ここからうかがえます。

また、時間にルーズであることも、特徴の一つです。

さらに、その人の財布を見るとお金の使い方がわかる部分もあります。不要なレシートやクレジット明細、もう行かないお店のポイントカード、何年も行っていないクリニックの診察券、期限の切れたクーポン、どこかでもらったショップカードなどが詰め込まれている……こんな財布を使っている人は要注意です。お金以外に、こうした雑多なものがぱんぱんに詰め込まれた、いわゆる「ブタ財布」の人には、お金の使い方にルーズな傾向があると私は思っています。

整理整頓や自己管理ができないために、約束を守れなかったり、必要なもの、不要なものをすぐに見つけ出せなかったり、モノも人間関係も無駄にしてしまいがちです。

「いつの間にか」「節約したつもり」の危険

中の上のご家庭が陥りやすいお金や節約に対しての習慣というものもあります。

例えば、「いつの間にかお金がなくなっている」。何にいくら使っているのかわからないというちに、月の給料を使い切っています。節約をした方がいいと思っていても、どこから手をつけたらいいかわかりません。解決するには、記録をすることが一番なのですが、それも面倒だとなってしまいます。

また、「節約しているつもり」になる人も多いもの。例えばお気に入りのお菓子を大量購入するなど、節約したいという意図でいつも買う商品を大量にまとめ買いしたりしがちです。結局は腐らせてしまったり、「ストックがいっぱいあるから」と食べるスピードをいつもより速くしてしまって、結局、本末転倒の結果になりがちです。節約しているつもりで、よかれと思ってやっているのに、すべてが裏目に出てしまうのです。いわゆる、安物買いの銭失いです。

エコや「きれいな暮らし」は形を変えた贅沢？

章の冒頭に挙げたような「ちょっといいもの」「ちょっと贅沢」にこだわるのも、中の上の家庭に多い特徴です。

「スーパーの特売品より産地直送、生産者の顔が見えるものがいい」「少し高くても、ブランドものは長持ちする」……このように何事においても「ちょっといいもの」を選びがちで、普通の家庭よりも少しずつ少しずつ支出を増やすことになるのです。その裏にあるのは、家族の健康や環境への配慮、そして「ちょっといいもの」を長く使うことで結果的には節約になるという意識です。このような、いわゆる「意識が高い」方は身近にもいるのではないでしょうか。

いい心がけのようにも思われますが、この配慮や意識は少々厄介もの。単に「平均よりちょっといい暮らしをしたい」、あるいは「憧れられるような生活がしたい」という自分の願望を、家族の健康やエコといった、自分にとって都合のいい、もっともな理由に転換してしまっているだけかもしれません。高価な食料品や一生ものの洋服は、「ほかの誰かのため」と言いつつ、実は自分の満足のためかもしれません。このような志向の人は、無意識のうちに自分をだましており、「ちょっといいもの」が、本当は単なる贅沢、単なる浪費であるかもしれないということに気づけていないのです。

平均よりやや高収入の稼ぎ手と、このような「意識が高い」主婦（主夫）の方が組み合わさると、典型的な「中の上家庭の転落劇」につながりそうです。

「みんなと同じ」「仕方ない」は思考停止ワード

また、危険な認識のもうひとつとしては、少し贅沢なものを買うときの「みんなと同じだから問題ない」という捉え方も挙げられます。

「周りの子が塾に行っているから、うちの子も行かせなくては」「1人1台スマホを持つ時代だから、必要かはわからないけれど家族みんなに持たせよう」「ママ友みんなが持っているから、我が家も○○を買っておこう」……。

このように、「みんなと同じ」ものにお金をかけているのは当たり前のことだと、メリハリなくお金を出していることも特徴です。一種の見栄っ張りともいえますが、ほかの人と同じでなければ、不安になってしまう、そんな性質も持ち合わせています。

ほかの家庭はほかの家庭なりにメリハリをつけてお金をかけているはずです。例えば、教育費に月10万円かける家庭でも、その分、食費は思いっきり切り詰めて月3万円かもしれません。ところが、「みんなと同じ」を合言葉にお金を使ってしまう人々は、「お金をかけている部分」しか見ず、「じゃあ、うちも塾に行かせよう」となるのです。当然、その分、別の支出（例えば食費）を削ろうという努力はしません。

これは、非常に愚かなことだと私は思います。みんなが「ほかを切り詰めてもここだけはお金をかけよう」と頑張って支払っている部分をすべて総取りするような形で支出する……こんなことをしていれば、必然的に老後破綻に近づきます。


似たようなものですが「仕方がない」から支払う傾向も多いものです。

「子どもがいるから、支出が多くても仕方がない」

「毎日みんなでランチに行く会社だから、お弁当を持って行けなくても仕方がない」……

工夫も何もせず、いろいろなことを「仕方がない」であきらめてしまいます。この一言を出すことで思考停止してしまい、果たして本当に必要なものかどうかの判断を放棄してしまっているのです。

「あぶない家計簿」は危機感の薄さから

また、「節約することは、ネガティブなこと」と思い込んでいる人もいます。ケチケチしている、みみっちい、報われにくい努力ばかり、心が貧しくなる、つらい、暗い……そういうイメージばかりが先行し、「あんな暮らしはしたくない」と思って何もできなくなります。

過去に努力してお金を貯めようとしたけれどうまくいかなかったという経験がある人に多いかもしれません。そして、そこまでしなくても暮らしていけるという思いも、節約に気持ちが向かない原因になっています。

ここで言う「中の上家庭」はマイホームを購入しローン返済中である場合も多く、節約、節約といわなくても普段の生活では困ることがありません。月々の収支を何とかまわしていくことができれば、その支出の内容がどのようであっても、特に問題だと感じないのです。ですから、「通信費は格安ＳＩＭを利用すると安くなるよ」と言われても、「大手キャリア以外を利用するなんてありえない！」となってしまいがちです。思い込んだら、柔軟性に欠けてしまうというところも、特徴といえるでしょう。

いろいろ挙げてみるとわかるように、結局はお金に対する危機感が薄いということが、「あぶない家計」の人々に共通した傾向なのです。

この章では「中の上家庭」の家庭よりも、年収４００万〜５００万円台の家庭の方が貯金が多いことがままあると書きましたが、なぜ収入格差を逆転して貯蓄格差が生まれてしまうのかといえば、原因はこの危機感の有無にほかなりません。

危機感が薄い人は、「もしかすると我が家はほかの家よりも貯金が少ないかもしれない」「支出を抑えた方がいいのだろう」とぼんやり思っていても、実際に節約という行動に移すことはありません。「通信代を下げたいとは思っているのですけれど」「ネットスーパーは買いすぎるので、やめようと思ってはいるのですが」と思うだけにとどまって、実際に格安スマホに乗り換えたり、ネットスーパーから退会するという行動はとらずに終わります。これでは何も変わりません。支出を抑える方法の情報は断片的に持っているのに、危機感の薄さゆえに行動に移さないので、いつまでも支出が減らないのです。

こうした人に限って、「節約の本はたくさん読んでいますが、全然支出は減りません」などと言います。行動していないから減らないのは当たり前なのに、少し滑稽な話です。

第 2 章

「勘違いやりくり術」が家計を圧迫する

「節約？　それならやっているつもりですが……」

そう言う人は多いと思います。際限なくお金を使えるごく一部の人以外は、誰しもがお金の使い方には日々気をつけているはずです。

しかし、私が携わった家計診断の中には、「本人たちは一生懸命に節約しているのに、危機的な状況に陥っている」「自分たちなりに貯蓄術を実践しているものの、貯蓄が増えるどころか、資産が日減りしている」というケースがたびたびありました。それも、収入の低い方ではなく、前章で挙げたような「中の上家庭」でも、このような現象が起きるのですから不思議なものです。

まず、実例を一つ見てみましょう。

その「先取り貯蓄」、本当に有効ですか？

「お金を貯めたくて『先取り貯蓄』を始めたのに、全然貯まらない」と相談に来たのは、パート主婦のCさん（35）。

「先取り貯蓄」とは、給与が出たら使う前に一定額を貯蓄に回すことです。家族は会社員の夫（42）と4歳の息子の3人。結婚してから5年ほど貯めてきた貯蓄が160万円から増えないのです。半年ほど前から本を読んで勉強し、家計簿もつけ始め、先取り貯蓄に取り組みました。それなのに一向に増えないのはなぜでしょうか。

月8万の先取り貯蓄はどこへ消えたのか？

Cさんが「頑張っている」と自己評価している家計の状況を聞いたところ、毎月の収入は夫が手取りで26万円ほど、奥さんのパートで3万円ほど、合計で平均29万5000円ほどの手取り収入があります。しかし、ざっと支出を見たところ、毎月7万〜8万円の赤字になっていました。

食費や水道光熱費は相応です。むしろ節約しすぎが心配なほど。気になるのは、しばらく見直していない生命保険料、習い事が多くて5万円を超えている子どもの教育費、そして、毎月8万円の先取り貯蓄です。

その先取り貯蓄の行方はというと、実は「臨時出費」に消えていました。固定資産税の支払いや夫のスーツ代、装飾品代、Cさんや子どもの被服費に加え、毎月の収入の範囲内では買えないものを無計画に購入したことで使い果たしていたのです。本来、こうした臨時の支出はボーナスで補うはずでした。Cさんの家の1年間のボーナスは手取りで90万円前後ですが、月7万～8万円の赤字への補塡で底をついていました。

結局、先取り貯蓄もボーナスも使い切っている現実を改めて知り、Cさんは肩を落としました。

Cさんは貯めたい気持ちは持っていますし、貯められる自信がつけば貯蓄は増やせるはずです。そのためにはまず、貯められる実感を持つことが一番の改善策です。

まず、結婚時に加入した生命保険は子どもがいる現在の生活スタイルとズレがあるので、見直して減額しました。幼稚園の保育料に加え、少し離れた幼児塾や水泳、英会話といった習い事で高額になっていた教育費については、Cさん自身も「習い事が多すぎる」とは思ってはいましたが、継続したいという気持ちが強く、減らしていませんでした。

すると、通っている幼稚園で開いている英語教室と体操教室に空きが出ていることがわかり、そちらに移ることにしました。月謝が安くなるうえ、子どもは仲良しの友達と一緒に学べるし、移動する時間がなくなって体力的な負担も少なくなりました。これに伴い、交通費が減少。支出について意識し始めたことで、日用品代も自然に減らせました。

年間100万円の貯蓄ができる見通しに

こうした試みにより、先取り貯蓄を考慮しない場合、毎月の収支は4万円ほどの黒字に。そこで毎月の先取り貯蓄額を4万円に減額し、袋に入れるのではなく、専用の口座に入金してもらうようにしました。

毎月きちんと4万円貯められる自信がついたCさんは「もっと貯蓄を増やしたい」という気持ちが強くなりました。赤字の補塡に充てていたボーナスについても、毎月の収入の範囲内では買えないが、どうしても必要な臨時の出費があるときにのみ充当するという計画性を持たせることで、ボーナスからも余剰金を捻出することが可能に。1年間で100万円の貯蓄ができる見通しが立ちました。

Cさんは将来に向けた投資への意欲もあったので、貯蓄のペースが安定してきたところで、

「貯蓄と投資は併走して取り組める」とアドバイス。投資は初めてだったので、本を読んだりして学んだうえで、投資信託に毎月の貯蓄額の一部を充て、長期的に積み立てていくことにしました。

貯蓄したい、投資もしたい、そう望んで相談に来る人は多いのですが、希望をかなえるためにはやはり家計が大切です。Cさんは頑張って節約、やりくりをしていましたが、「無理な金額で先取り貯蓄していたことがあだになっていた」と振り返ります。

頑張って支出を絞っているのに思うようにお金を回せないと感じる人は、必ず気がつきにくい支出があるはずです。客観的に問題点を洗い出して家計を改善し、それから貯蓄や投資に取り組むことが最も効果的です。

このように本人たちは頑張っているつもりだけれど、本末転倒というケースは実は少なくありません。

多くは、自己流の節約術、貯蓄術を実践しているケースです。

Cさんの家庭では「先取り貯蓄」をして月8万円も貯蓄したつもりになっていたものの、

お金の使い方を根本的に見直すことをせず、月々の生活費の足りない分をこの「先取り貯蓄」からまかなっていたため、実態として結局はちっとも貯蓄できていないという、お粗末なことになっていました。

知識を得て駆使することは悪いことではないのですが、視点を間違えると、見当違いな節約になってしまいます。支出の削減をするには、まず現状の家計をしっかり見据えることが大切です。そのうえで、家計以外の部分、マイカーや住宅のローン、教育費をどう準備するかなどを検討し、取り組むとよいでしょう。

考えを偏らせず、全体的に支出を見渡せるようになってほしいところです。

本章では、ほかにもこのような「勘違いやりくり術」で深刻なケースに陥っている家庭の例をいくつか挙げてみたいと思います。

「貯蓄重視」派が陥ったリボ払いの罠

「クレジットカードを使わないと毎月のお金が足りなくなるような気がして……。そこを改善したいんです」と相談に来たのは会社員で独身男性のDさん（41）。

毎月、現金が足りなくなりそうな気がすると、ついクレジットカードで支払うそうです。今のところは何とかなっていても、将来的には困るだろうと考え、支出の改善を目的にご相談に来られました。

「40歳も過ぎたので、そろそろ将来設計もしっかりしなくてはいけないし、自分をコントロールできるようになりたいのです」と、しっかりしたお話をされています。では、Dさんの支出のどこに問題があるのでしょうか。それを見るため、支出の仕方を聞きながら家計表を作っていくことにしました。

◤毎月12万も貯蓄しているのになぜ？

まず、Dさんの月収は手取り37万円ほど。「普通預金においておくとすぐ散財してしまう性格なので」と自己分析し、強制的に貯蓄をするため、3年前から手取りのうち12万円を「先取り貯蓄」として定期預金に入れています。したがって、残りの25万円が毎月の生活費です。

口座振替しているものに家賃、水道光熱費、通信費、生命保険料、クレジットカードの支払いなどがあります。これらの引き落としがあるため、手元に残るのはおよそ8万円。この金額で食費など現金払いの生活費をやりくりする生活です。毎月わずかながら黒字のやりくりができているよう。

毎月12万円も貯蓄ができているといいますし、お金が不足している生活とも思えません。もっと貯蓄額を増やしたいという相談なのかと思いましたが、違いました。

問題は毎月の固定支出にもなっている「クレジットカードの支払い」でした。Dさんは毎月、生活費以外の支出を「イレギュラー支出」と考え、クレジットカードから支払っているのだそうです。

改善前		改善後	
手取り収入：	372,000円 ❶		
貯蓄：	450万円		

月の支出 費目	金額	改善後	増減額
住居費（家賃）	67,000		
食費	48,000		
水道光熱費	21,000		
通信費（スマホ代、固定電話、ネット回線）	13,000		
生命保険料	7,000		
日用品代	4,000		
医療費	2,000		
教育費	0		
交通費	4,000		
被服費（クレジットカード払い）	2,000	→ 10,000	（ 8,000）
交際費（クレジットカード払い）	0	→ 30,000	（ 30,000）
娯楽費（クレジットカード払い）	0	→ 10,000	（ 10,000）
嗜好品代	3,000		
その他（新聞・NHK・理美容など）	10,000		
クレジットカードの支払い	65,000	→ 0	（▲65,000）
先取り貯蓄	120,000	→ 90,000	（▲30,000）
支出合計 ❷	**366,000**	増減額計	**▲47,000**
❶－❷＝	**6,000**		

改善前 → **改善後**

「先取り貯蓄」をしていて、その貯蓄を崩したくないという思いから、クレジットカードをリボルビング払いで利用しており、やりくりの仕方が矛盾している。考えてやりくりしているはずだが、実際はクレジットカード払いの支出が大きく、お金の使いすぎになっている

リボルビング払いのデメリットを知ると、すぐにクレジット払いをやめることができた。今までクレジットカードで無計画に支払っていた支出について予算を立てることで、支出削減につながった

（注）他の例ではクレジットカード払いも各費目に振り分けて集計していますが、この例ではクレジットカード払いが問題になっていること、先取り貯蓄が固定支出化していることから、それぞれを独立した費目として家計表に組み入れています

一見、黒字に見えるDさんの家計は、このクレジットカード払いでコントロールができなくなっているようでした。クレジットカード払いをするのは旅行費や書籍代、洋服代、部下に食事やお酒をおごったり、昔からの気の合う友達と飲み会をしたりする交際費、飲み会の帰りに使うタクシー代など。

Dさんにとっては「自己投資」に分類できるイレギュラー支出だといいます。支払いが多くなる月もあれば少ない月もあるため、支払額が均一の方が管理しやすいだろうと、ほとんどをリボルビング払いにしています。毎月支払う金額の平均は6万5000円だそうです。

貯蓄残高の数字だけに満足して家計の全体が見えない人は多い

さらに、予想外に支払いが多くなってやりくりに困ったら、キャッシングなども利用しているのだそう。せっかく貯蓄があるのに、一方で借金を積み重ねていくのは矛盾していないかと問うと、「定期預金だけは崩してはいけないと思っています」と力強くおっしゃいます。

Dさんの貯蓄残高は450万円ほど。クレジットカードの利用残高は合計80万円ほど。この残高にどんどん利息がついていきます。貯蓄をするのは立派ですが、片方でこんなにクレジットカードの残高を抱えていては意味がありません。しかし、Dさんはそれに気づいていません。

クレジットカードのリボ払いの金利は15％前後と高い場合がほとんど。いくら利用しても毎月の返済額は一定ですから、利用した金額分だけ利用残高に積み上がり、利息がかかります。そして、毎月返済している金額の中身は元金だけではなく、利息も含んでいるので、返済が長期にわたってもなかなか減らず、いつまでたっても完済しにくいという悪循環に陥ります。

このような説明をするとDさんはびっくりした様子でした。そして、「そんなに利息がかかるのなら使っていられない」と行動を起こし始めました。

まず、自分でクレジットカードを使わないルールを作りました。急に始めたので、毎月のクレジットカードの支払額に加え、今までイレギュラー費と考えていた支出を現金払いにすると、30万円以上赤字になってしまう月もあり、これにまず驚いていました。

ですが「これが実際に自分が使っていた金額なのですね」と前向きに受け止め、次にこのイレギュラー支出に予算をつけ、その中でやりくりできるよう練習していきました。

最初は予算内でやりくりできず、お金が足りなくなることもしばしば。やりくりの難しさとともに、今まで自分がいかにお金を使いすぎていたのかを実感し、「今までが間違っていたわけで、現在の状態が身の丈に合っているのだ」と自分に言い聞かせたそうです。そして、崩すのを嫌がっていた預金を取り崩し、クレジットカードの残高を一括返済しました。

これでやっと、クレジットカードの支払い請求が来なくなり、予算内でやりくりすることが可能になります。貯蓄は無理のない範囲で、毎月9万円を積立定期預金にしました。その結果、5万3000円ほど黒字が出るようになりました。毎月の貯蓄額は減りましたが、借金をすることなく、支出が膨らんだ月は余剰金から支払うことができます。

Dさんは「お金が足りないからカードを使っていることに気づいていたはずなのに……。貯蓄できているということは、お金はあるんだから大丈夫と言い訳しながらクレジットカードを使っていたんだと思う」と当時を振り返ります。

貯蓄残高の数字が増えていくことだけに満足して、家計の全体像が見えていない人は結構います。貯蓄はもちろん大切ですが、リボ払いのように金利が高くなる支払い方法を選択したら貯蓄の意味がなくなります。預金金利よりも分割払いやキャッシングの金利の方が高いのですから。

せっかく貯蓄ができる環境にあるのなら、それを最大限に有効活用することが資産を増やすことにつながりますし、余分な支出を見つけることにもつながるのです。

「家計簿はいらない」自信過剰が招く隠れメタボ家計

「もっとお金を貯めたいけれど、家計簿はつけなくても大丈夫だと思います」と相談に来たパート主婦のEさん（37）。家計簿をつけなくてもよいと思う理由は、クレジットカードで買えば利用明細書が家計簿代わりになるし、通帳の入出金・引き落とし明細などでだいたいの支出が把握できるからだといいます。でも、支出は把握できている割にお金が貯まらず、「何が悪いのか見当もつかない」と首をかしげています。

Eさんは会社員のご主人（38）と長男（9）の3人暮らしです。支出について聞くと住宅ローンや教育費など、毎月決まった額の支払額ははっきり言えますが、ほかはあいまいな様子です。

支出は把握できているつもり、でも貯まらない理由

家計簿をつけなくてもいいというEさんに対して、私は「収入を何にいくら使っているのか把握するために、簡単でいいので記録をつけてみてください」と提案しました。赤字をなくしたい、貯蓄を作りたいと考えるのであれば、やはり数字を記録することが改善への近道になるからです。

Eさんは利用したクレジットカードの請求額に今月支払っている現金の支払額を足すことで、支出を把握できると思っています。光熱費や保険料などは、ポイントや割引を受けるためにクレジットカード払いにしています。

ほか、食費や洋服代も特にルールを持たずクレジットカード払いにしたり、現金で支払ったりしているそうです。分割払いの分も適当に月の集計に混ぜ込んでいる感じで、そもそもの集計の基準がバラバラ。「今月の支出」がわかっていない様子です。

改善前　　**改善後**

手取り収入：夫 **368,000**円
　　　　　　妻 **84,000**円　計**452,000**円 ❶
貯蓄：　**360**万円

月の支出 費目	金額		改善後	増減額
住居費（住宅ローン）	111,000	⟶	95,000	（▲16,000）
食費	86,000	⟶	62,000	（▲24,000）
水道光熱費	34,000	⟶	32,000	（▲2,000）
通信費（携帯電話代、固定電話、ネット回線）	15,000			
生命保険料	26,000			
日用品代	13,000	⟶	8,000	（▲5,000）
医療費	2,000			
教育費	18,000			
交通費	6,000			
被服費	23,000	⟶	12,000	（▲11,000）
交際費	31,000	⟶	15,000	（▲16,000）
娯楽費	14,000	⟶	10,000	（▲4,000）
小遣い（夫4万5,000円、妻1万）	55,000			
嗜好品	8,000	⟶	6,000	（▲2,000）
その他（新聞・NHK・理美容など）	19,000	⟶	14,000	（▲5,000）
支出合計 ❷	**461,000**		増減額計	**▲85,000**

❶－❷＝ **▲9,000**

改善前 ⟶ **改善後**

改善前：クレジットカード、電子マネー、現金など複数の支払い方法を利用しながらも記録は自動的に残るもののみで十分と考えていた。結果、把握しきれない支出が多く、赤字家計になってしまっていた

改善後：記録をとり、支出を把握しながら暮らすことで、支出過多を防ぐことができるようになった。重複する買い物や過剰な買いだめにもすぐ気がつけるようになり、数字で把握すること、支出を「見える化」することの大切さを知った

そこで1カ月間、クレジットカードを利用したとき、口座引き落としがあったとき、現金でお金を支払ったときに記録をつけていただき、1カ月の正確なお金の流れを把握することに努めてもらいました。

そもそも記録をつけること自体が嫌いなので、初めはなかなか受け入れてもらえず嫌がっていましたが、「支出の不明な分を探るために、1カ月だけ頑張りましょう」という約束で、しぶしぶではありましたがスタートしました。

1カ月ほど後にその集計を見せてもらうと、全体的に一般的な水準より支出が1～2割多いメタボ家計になっていました。ご本人も「こんなに食費や被服費、交際費がかかっているなんて知らなかった！」と驚いていました。収支はわずかに赤字です。Eさんとしてはきちんと支出を把握しているつもりだったのに、自分の認識とはかなりの誤差があったことがわかり、衝撃的だったようです。

Eさんは「考えていたよりも多かった支出については減らしていかないと」と言い、食費と日用品代、嗜好品代は1週間の予算を組み、半ば強制的に支出を減らしていきました。

「『これは買わない』『こんなに買えない』と思うようにすれば、無駄遣いをしなくなるし買いだめをしすぎることもない」と意欲的に取り組んでいます。水道光熱費は家族がなるべく同じ場所で過ごしてエアコン代を節約したり、朝晩は窓を開けて風通しをよくしたり、消費電力が少ない「ＤＣモーター」の扇風機を購入したりしました。扇風機などで初期費用は確かにかかりましたが、日々の収支以外から支払うようにし、数年かかるかもしれませんが支払った以上の節約効果を狙います。

◪支出の「見える化」で毎月７万６０００円の黒字に

被服費・交際費・娯楽費はクレジットカード払いと電子マネー払い、現金払いなどが混在し、支出額の把握が難しくなっていました。そこで、その月に支払った額はきちんと記録に残して管理するようにしました。また、あまり見ていなかった有料テレビの契約を解除しました。さらに住宅ローンの借り換えをしました。金利が下がったため、毎月11万1０００円の返済額を9万5０００円まで下げることができました。

これらの取り組みによって支出は8万5０００円削減でき、毎月7万6０００円の黒字家計に変わりました。

「家計簿はいらないと思っていたけど間違っていました。記録は大切」と話すまでになったEさん。支出のペースをつかむまで、もうしばらくは家計簿をつけた方がよさそうです。本人も支出削減の効果に驚き、喜び、記録の大切さを実感しています。

今はクレジットカード、電子マネー、現金など支払い手段が多様化し、1カ月の実際の収支が見えにくくなっています。また、支出を管理するアプリやソフトがたくさん出ているため、手間暇かけずに簡単にクレジットカードなどの支払額を「見える化」することができる一方で、記録に反映されない現金払いなどの支出を把握することが難しくなっています。

いくら支払い手段が多様化したからといっても、「貯まる家計」を作りたいのであれば、1カ月の収入でその月の支出をまかなうことが必須です。そのためには、見えない部分を数字で把握する、支出の「見える化」が大切なのです。

「表の家計簿」は優秀、「裏の家計簿」はあぶない30代夫婦

「田舎に移住し、農業をして暮らしたい。そのためにも貯蓄をもっと増やさなくてはいけないが、なかなか増えない」

会社員のFさん（36）が妻（35）とともに相談に来ました。長女（4）と長男（3）を保育園に預け、妻も正社員として働いています。F家の家計簿を見ると、生活費は十分に抑えられていますし、貯蓄も520万円あります。これ以上、何が問題なのでしょうか。

■飲み会の費用を貯蓄から支出

夫妻の月収は手取りで月40万円ほどです。水道光熱費も極端に高くはなく、スマホはすでに格安スマホに切り替え済み。生命保険料も安く抑えています。ただ、2人合わせ夏冬それぞれ30万円程度のボーナスがありますが、気がつくと底をついているそうです。それでどうやって520万円も貯蓄できたのかと疑念が生じ、2人に詳しく話を聞いたところ、実は

「見せかけの家計」だったことがわかりました。

Ｆさん夫妻の支出には家計簿に記録していないものがあったのです。それは「不自由せずに満足のいく生活を送ってほしい」と、妻が結婚の際に親から持たせてもらった300万円からの支出です。この300万円は520万円の貯蓄額に含まれています。実際は自力で520万円を貯めたわけではなかったのです。そこから遊園地の1日券や外食、洋服、飲み会の費用などを出し、家計がうまく管理できているように見せていたのです。

なぜそんなことをしたのでしょう？　夫妻は時々、友人らに家計簿を見せたり、節約の方法をレクチャーしたりしているそうです。友人たちからは「なぜそんなに節約できるの？」「大変じゃないの？　本当に頑張っているね」などと声をかけられます。「共働きで忙しいのに、やりくり上手なＦ家」。そんなふうに見られることで「家計の達人」という地位を築いたと感じ、満足感を得ていたのだそうです。

その地位を維持するためには家計簿は表面上、支出を極力抑えたものにしなければなりません。家計簿に記録すると都合の悪い支出は300万円から支払い、当然のごとく家計簿にも計上していなかったのです。

改善前		改善後	

手取り収入：夫 **264,000**円
妻 **135,000**円
計 **399,000**円 ❶
貯蓄： **520**万円

月の支出

費目	金額	改善後	増減額
住居費（家賃＋管理費）	86,000		
食費	61,000	→ 56,000	（▲5,000）
水道光熱費	19,000		
通信費（スマホ代、固定電話）	6,000		
生命保険料	13,000	→ 15,000	（2,000）
日用品代	8,000		
医療費	5,000		
教育費（2人分の認可保育園代）	48,000		
交通費	8,000		
被服費	8,000		
交際費	1,000		
娯楽費	5,000		
こづかい（夫7万円、妻6万円）	130,000	→ 50,000	（▲80,000）
嗜好品	8,000		
その他（新聞・NHK・理美容・使途不明など）	13,000	→ 19,000	（6,000）
支出合計	❷ **419,000**	増減額計	**▲77,000**

❶ − ❷ ＝ **▲20,000**

改善前

それぞれの費目は比較的つつましい金額で抑えられている。しかし、結婚時に妻が親から持たせてもらった300万円から拠出していた遊興費や外食代、被服費、飲み会の費用などの「浪費」は家計簿に記録していない。その分を夫婦の月々の小遣いとして計上すると13万円にも上り、月に2万円の赤字となっている

改善後

夫婦の小遣いは貯蓄からではなく、毎月の収入から捻出することとし、合計で5万円に抑えた。食費や生命保険を見直すなどして、月に7万7000円の支出を削減した

しかし、外食や洋服などの費用は本来、月々の支出として計上しなければならない費目です。夫妻が使った金額を一つずつ洗い出して合計額を算出すると、ひと月で13万円にも上りました。その金額を見て夫妻は驚いていました。夫妻は毎月の余剰金で貯蓄しているつもりでしたが、実態としてはその貯蓄で浪費していたことになるわけで、貯蓄は増えるどころか少しずつ減っています。この13万円が与える影響は非常に大きく、赤字家計の最大の要因でした。

夫妻は相談に来た当初、「今は都内に住んでいるので家賃が高いのは仕方がないが、それ以外の生活費は抑えて暮らしている。田舎では贅沢しては暮らしていけないことはわかっているから」と話していました。しかし実際は言葉とは裏腹に贅沢な生活を楽しむために散財していたのです。

これでは今後も赤字が続くことはもちろん、田舎に移住した後も散財して楽しめる場所がないことが不満となり、田舎暮らし自体がつらいものになるのではと心配になりました。貯蓄ができない問題に加え、本当に田舎で暮らしていけるのかという根本的なところから考え直さなくてはいけません。

◤小遣い、夫婦合わせて8万円削減

生活費だけを見るとよく節約できていますが、このままでは貯蓄ができません。家計を黒字にして貯蓄できるようにするには、家計簿に記録していなかった支出を洗い出したうえで、それらの支出を毎月の収入の範囲内に収めるようにしなければなりません。貯蓄から出していた理美容費を「その他」の費目に入れたうえで、小遣いの費目も立て、夫3万円、妻2万円の計5万円としました。これまでの計13万円に比べ8万円も減らしたことになりますが、もともと単なる浪費だったので抑えるのは簡単でした。

また、食費を減らすため食材の買い物をひと月に1回減らす目標を立てました。生命保険料は安く抑えていましたが、子どもが生まれた後もそのままにしていたので、死亡保障と医療保障を重点的に見直して現状に合った保障内容に変えました。こうした取り組みで毎月の支出を7万7000円削減。このうち3万円を「ご褒美」用の積み立てに回し、4万7000円を移住に向けて貯めていくことにしました。ただ支出を減らす一方ではリバウンドの原因になるので、積み立てた「ご褒美」で数カ月に一度は好きな服を買ったり、遊びに行ったりするなど余裕を持たせるようにしました。

「節約しているつもりが、実は散財して貯蓄が減っていることがわかった。友人たちに見られると都合が悪い支出を家計簿に記録しなかったのも、結局は『少ないお金で暮らすことができ、田舎暮らしも難なくこなせるエコなF家』というふうに見せたかっただけなのかもしれない」

Fさんはしみじみとこう振り返り、田舎への移住自体も再検討すると言い始めました。

「時間をお金で買う」アラフィフ夫婦の勘違い

大学教員のGさん（49）は自営業の夫（51）と高校生の娘の3人暮らしです。Gさんの給与の手取りは月約42万円。最近、脱サラして自営業を始めた夫の事業はまだ利益が出ていません。このため、夫の退職金を含めて1800万円ある貯蓄を取り崩し、生活費に繰り入れています。

Gさんは「貯蓄もあるし私の収入もあるので家計に大きな不安はないが、一度プロに見てもらいたくて」と相談に訪れました。

3人暮らしで食費が月13万円

Gさん夫婦は夫が脱サラする前は家計を別々に管理していました。しかし、夫が独立して自営業を始めるのを機に、事業資金と生活費は切り分けた方がいいと判断。生活費、つまり家計は共同で管理することにしました。

また、夫の事業が軌道に乗って利益が出るまでは、貯蓄から月20万円を生活費に拠出することにしました。Gさん夫婦は表計算ソフトで支出を管理して共有しています。しかし、夫は自身の事業の帳簿に目を通すのが精いっぱいで、家計管理はもっぱらGさんというのが実情です。

Gさんによると、夫が会社勤めをしていたときに比べると生活費はかなり減らしているといいます。ただ、Gさんも大学の仕事が忙しく、家事にはなかなか手が回りません。食事は「料理をする時間がない」ためデリバリーや弁当、総菜が中心で、食費が月に約13万円もかかっています。また週に一度、家事代行サービスを3時間利用し、部屋の片づけや掃除、洗濯、食事の準備をしてもらっています。

高校生の娘には教科ごとに家庭教師

娘の教育費も月約9万円と高額です。これは大学受験に向け、苦手な英語と数学を克服させるため、それぞれ別の家庭教師をつけているためです。Gさん夫婦は「教科ごとに専門の家庭教師をつけないと、中途半端な家庭教師では成績は上がらない」と言い切ります。

さらに、家族の洋服を買う際にはプロの服飾コーディネーターに2〜3年に一度、自宅に来てもらい、そのときにまとめて買いそろえているので、「毎月の洋服代はさほどかからない」といいます。ただ、その費用の約50万円はGさん自身のボーナスで支払っています。

なお、生命保険については「保険のプロにすでに見直してもらった」そうです。

話を聞いていくうちに、Gさん夫婦は「忙しくて時間がない」ことを理由に「お金で解決できることは専門家に頼む」「プロに任せておけば間違いない」と考えるタイプのように感じました。それが合理的で賢く節約する方法だと捉えているようです。

私のところに相談に来たのも、「家計のプロに聞けば、支出を減らす方法を教えてもらえる」

という期待からのようでした。まさに「時間をお金で買う」感覚です。

そこで私は「支出を削減できる費目を自分たちで考えてみてください。何だと思いますか?」とGさん夫婦に聞いてみました。2人はずいぶんと長い間、考え込んでいましたが、「思いつかない。強いていえば娯楽費ぐらいかな」というのが答えでした。忙しさを理由に何でも人任せにしている現状が支出を膨らませていることに、全く気づいていないのです。

支出を減らすには家族全員の意識を変える必要があります。ただ、「忙しいので時間を大切にしたい」というのはGさん夫婦の希望でもあるので、百歩譲ってその中でできることを探していきました。

◤「自分でできることは自分でやる」で月9万8000円削減

まず、真っ先に手をつけなければならないのが月約13万円の食費の削減です。日用品代も月約2万円と高めです。このため、食費と日用品代については合わせて週約2万3000円を予算とし、1週間単位で管理することにしました。デリバリーは極力控え、炊飯器のタイマーをかけて夕食の時間帯には毎日炊き上がるよう努め、簡単に調理できる食材を買いそろえました。すると、娘も一緒に料理をするようになり、弁当や総菜を毎日買わなくてもよくなりました。

また、家事も「気がついたときに自分たちでやる」ことを意識し、家事代行サービスの利用時間を3時間から2時間に減らしました。

さらに家庭教師については、娘自ら「家庭教師はレベルが高く、ついていくのが大変。友達と一緒ならば頑張れる」と言い、少人数でクラスを編成する塾に変えました。洋服を買う際も「コーディネーターがどのように流行を取り入れているのか」を学び、今後は自分たちで洋服を選ぶことにしました。

このように「時間を大切にしながら、自分でできることは自分でやる」という極めて基本的なことに取り組むだけでも支出を月に9万8000円削減できました。これまでの月の余剰金6000円と合わせると、毎月10万円以上の黒字を維持することができます。

Gさん夫婦はできればGさんの収入だけで生活費をまかなうことを目標にしており、これからも節約を続けていくことにしました。

本人は節約して効率よくお金を使っているつもりでも、人任せにしすぎるとお金の流れを把握できなくなります。プロに任せるのは確かに安心かもしれません。しかし、自身が努力しなければ学ぶことも変わることもできません。そうしているうちに人に頼らなければ暮らせなくなってしまうのです。当然、お金も余分にかかります。

一度はプロに頼んでいいかもしれませんが、そこからしっかり学んで自身の生活に取り入れて初めて、本当の意味で賢く節約できる家計に変わるのです。

「時間をお金で買う」という発想は、忙しい今の時代を暮らす人には大切なことですが、買うべきものとその必要がないものをしっかり見極めてください。

＊＊＊

脱・「勘違い家計術」のための5つの原則

この章では、私が受けた家計相談の中から、偏った家計術でかえって危機に陥っている家庭の例をいくつか挙げてきました。

家計のやりくりを上手にやりたいと考えると、「日々の出費を抑える」という正攻法ではなくもっと別の方法、裏技的に効果がぐんと上がるような方法を試したいと思う人は多いと思います。思いがけないちょっとしたことで、支出が減ったり、貯金が増えたりすると、とてもうれしいものですよね。

ですが、ちょっと冷静に考えてみてください。そんなよい方法があれば、世の中の多くの人が取り組み、もっとその方法が世間で話題になっているはずなのです。

確かに、インターネットで見るブログやニュース、マネー雑誌、マネー術の書籍など、ある一定の場所では「誰も知らなかった！　こうすればお金が増える」といったような情報を提供していることがあります。しかしそれを簡単に鵜呑みにしては危険です。

また、さらに厄介なのは、自己流の貯蓄術をあみだそうとする人たちです。また、その自己流がうまくいっているつもりになっている人たちもいます。しかしこれまで挙げた実例の通り、そういう家の収支をまとめてみると、実際は無駄な出費が削られていなかったり、ちっとも貯蓄が増えていなかったりすることがあります。うまくいっていないのに、「うまくいっている」と無理に思い込んでいる人たちを見かけることもあります。

家計管理は先人たちが悩み、あれこれと方法を試行錯誤しながら、効率よく管理できる方法を探しているものの一つです。長年取り組まれているからこそ、新しい、よい管理方法というのは生まれにくく、実は「当たり前のことをコツコツと取り組む」ことが一番の節約術であったりするのです。

勘違い家計術から抜け出すには、次の5つの基本を大切にすることです。

① 家計は、現状をしっかりと把握する

今のお金の使い方、何にいくら使っているかがわからなければ、どのように家計をコントロールすべきかが見つかりません。お金の流れをしっかり把握しましょう。それには家計簿をつけることが、王道でかつ一番の家計把握法です。

② 先取り・積み立ては家計がしっかりできてから

「先取り貯蓄」「積立貯蓄」。これらはいかにもお金が貯まりそうです。ですが、収入のほとんどを生活費に使うような暮らしをしている中では、その先取りや積み立ての金額が出ないため、始めても全く意味がありません。家計の赤字を明らかにするだけで、その貯めているつもりのお金を、今までの貯蓄を崩して作っているということにもなりかねません。

③ 見栄は張らない

「私たちのマネー術、すごいんです」と言いたい気持ちも、「やりくり上手」と他人に思われたい気持ちもわかります。ですが、無理をしてそのような状況を作っても、そのしわ寄せはどこかにくるので、あまり意味がありません。身の丈に合ったお金の使い方、暮らし方をすることが一番よいのです。

④ 他人任せにしない

家計は自分たちの家庭内のこと。それを他人任せにしても、何も変わりません。慢性的な病気もそうですよね。どんな名医にかかっても、自分自身が回復しようという強い意志を持って生活改善に取り組まなければ、病気はよくなりません。家計もそうです。自分が家計改善をしたいと思ったら、自分が変えていかなくてはいけないのです。専門家・プロは、あくまでもそのお手伝いをする人たちです。

⑤ 「不労所得」は一握りの人しか成功しないもの

不労所得のある暮らしには多くの人が憧れます。働かずしてお金が入るなんて、すごいですよね。でも、そんなことを実現できている人は一握り。それも、そこにいたるまでかなりの努力をし、収入を得られる環境を作っているのです。ネットなどで「これをやれば、不労所得で暮らしていける」などという広告を見かけることがあります。しかし、もし本当に簡単に不労所得が得られるのであれば、そんなおいしい方法を多くの人に教えたりするでしょうか。その広告主は、その広告を見にたくさんの人がやってきてセミナーや情報商材の申し込みがされるよう、努力して「盛って」いるのではないでしょうか。結局、多くの人は、努力して収入を得ているということです。ラクに得られる不労所得など、この世には滅多にないと心してください。

家計管理やお金の話には、時には「こんな簡単なことで、すべてうまくいった」というシンデレラストーリーのようなものもあるでしょうが、頻度としては限りなく少ないものです。「自分もいつかはそうなりたい」と思うことは自由ですが、夢ばかりを追わず、今目の前にあることをしっかりとやっていくことの方が、幸せへの近道のように思います。

COLUMN

結婚後は不労所得で暮らす!? 投資に溺れる30代女性

2年後に結婚予定の女性会社員Hさん(32)が相談に訪れ、開口一番、「投資で稼げるようになり、結婚後は働かずに暮らしたいのでアドバイスが欲しい」と切り出しました。これまで節約や貯蓄の方法についての相談は多数受けてきましたが、いきなり不労所得で生活していくノウハウを聞かれたので、私も少なからず面食らいました。

「お金に働いてもらうしかない」

Hさんは結婚相手の会社員の彼（33）と同居中です。「彼がお金をあるだけ使う」という事情もあり、すでに2人の家計を一緒にして暮らしています。結婚資金の目標400万円を2人で協力して貯めていますが、今のところ120万円にとどまっています。目標を達成するにはあと2年で280万円を貯めなくてはいけません。Hさんカップルの家計を見ると、毎月10万円の黒字です。この黒字分はしっかり貯蓄していますが、それでも目標額まで40万円ほど足りません。

そもそもHさんはなぜ投資に興味を持っているのでしょうか。詳しく話を聞くと、「結婚後は退職して家庭に入りたい。子どもも欲しい。そうなると働かなくなるので収入が不足する」と理由を説明します。あわよくば結婚前に退職したいそうで、「だとしたら、お金に働いてもらうしかないじゃないですか」とまで言い切ります。

Hさんはこれまで年間60万円以上かけて投資セミナーに通ってきましたが、なかなか成果は上がりません。今も彼と一緒に、もしくは一人で懸命にセミナーに足を運んでいます。そこで教わった個別株への投資や外国為替証拠金取引（FX）に挑戦していますが、利益が出たと思えばすぐに損失が出るなど、なかなか思うようにはいきません。そんな状況でも「これからは不動産投資もやってみたい」と投資をやめる気はなさそうです。

Hさんが通うセミナーの費用は月平均5万円。結婚資金を貯めたいという割には思い切った出費です。Hさんの話を聞いていると、投資でもうけようと無理してもがいている印象すらあります。2～3年間、投資に取り組んでみてHさん自身、「うまくいくのだろうか」と疑念が生じつつも、不労所得で暮らすという自分の希望は捨てきれないようです。半面、「今やっていることは無駄だからやめろ」と叱咤《しった》してほしいがために私のところに相談に訪れたようにも思えました。

投資以前に、家計改善

このため私は「そもそも投資は不労所得を稼ぐためのものではないし、不労所得にこだわってばかりいるのは時間とお金の無駄だ」ときっぱりと答え、「結婚資金を貯めなければならない今、必要なことは何なのかをしっかり見極め、節約して貯蓄すべきだ」と諭しました。Hさんカップルの支出を見ると、Hさんのセミナー代が大半を占める教育費のほか、日用品代や交通費、交際費、娯楽費の支出が目立ちます。これらの費目の支出を削減できれば、投資よりもはるかに実入りの大きい効果が得られるはずです。

投資でもうけることに未練があるHさんは「不労所得で暮らすことを応援してくれると思っていたのに」と不満そうでしたが、彼の手前もあり、節約に取り組むことを約束。もちろん快諾ではありませんが、私が提案した食費や通信費、交際費、娯楽費の削減に加え、セミナー代の見直しも実行すると宣言しました。このとき私は投資について、あえて禁止しませんでした。Hさん自身が自分の問題点に気づかなければ、根本的には家計改善にはつながらないと考えたからです。

Hさんはスマホを格安スマホに替えたり、ドラッグストアで日用品を適当に購入することをやめたり、買い物が彼と重複しないよう計画を立てたりと、これまでなかなかできなかったことを実践し始めました。小遣いはHさんも彼もそれぞれ5万円を維持した代わりに、友人らとの付き合いや遊興への支出は小遣いの範囲でやりくりしてもらいました。お金の使い方を少しずつ変えていくと、その分だけお金が残ることがわかってきたHさん。意外にも「節約が楽しくなってきた」と語るようになりました。

ローリスク・ローリターンで十分

参加するセミナーの内容も投資から家計管理など、お金全般をテーマにしたものに切り替えました。なかには投資に関係する話もありますが、あくまでお金全般がテーマなのでHさんは無理に投資でもうけようとは思わなくなりました。そのセミナーも手ごろな価格のものを厳選して通っています。そのうちHさんは「投資でもうけるというのは自分の理想だったけれど、実際には向いていなかった。むしろ節約してコツコツお金を貯めていく方が向いている」と気づいたのです。

こうしてHさんカップルは支出を月9万5000円削減でき、毎月20万円もの貯蓄ができるようになりました。あと1年2カ月で結婚資金400万円を貯められる見込みですし、式を挙げる2年後までにそれとは別に200万円の貯蓄ができる見通しです。

投資でもうけている人の話を聞くと、「うらやましい」とか「自分もそうなりたい」と思うのはわかりますが、そう簡単にうまくいくものではありません。Hさんは投資でハイリターンを得るため、過去の支出も含めると相当なコストをかけていました。

そのような状況で本当にいいのか、しっかり自分と向き合うことがまずは大切です。

そして投資するのであれば、自分の身の丈に合った方法を選ぶことが投資とのよい付き合い方といえます。投資も生き方もローリスク・ローリターンを積み重ねていけば、気がつくと「ハイリターン」になっているものです。

第 3 章

暴走する妻……ディスコミュニケーションが招く隠れ貧困

会話ゼロ夫婦、無駄だらけのブラックボックス家計

「夫が毎月くれる生活費では足りないのに、増やしてくれません」と相談に来たのは、都内に住む専業主婦のＩさん（36）。毎月赤字で貯蓄ができないうえに、結婚前の自分の貯蓄を取り崩して赤字を補塡しているそうです。小学1年生の長女、幼稚園年中の長男の2人の教育費を貯めるためにはもっと生活費が必要なのに、夫と話し合いができないことが悩みだそうです。

Ｉさんのご主人（40）は士業事務所の経営者です。Ｉさんは夫の収入を把握していないそうですが、生活費を妻に渡しても自由にできるお金があり、夜は飲み会中心であまり家にいないとのこと。ならば、もう少し生活費をくれるよう話し合いたいそうですが、会話をする時間が少なく、お金のことは話しにくいといいます。私が加わって、Ｉさん夫婦と3人で家計について話し合うことはできないだろうかと依頼されました。

話し合いの前に、Ｉさんの生活費の使い方を伺い、家計表を作っていきました。生活費は

ほぼ、お子さんとＩさんの３人分の支出で、２万円ほどの赤字です。驚いたのは食費、教育費、娯楽費が支出のかなりの部分を占めていること。Ｉさんのお金の使い方に問題がありそうです。

聞けば、朝食や弁当は作りますが、夫が不在のため夕食は３人で外食に出ることが多いそうです。総菜を買うことも多く、食費が高くなる原因になっています。

教育費は私立幼稚園、私立小学校の学費と、時折、徴収される教材費などを合わせた金額なので、削りようがありません。

娯楽費は温泉などに行くときの交通費やお土産代がメインとのこと。家族で話し合って計画するというよりも、夫が「家族と過ごしたい」と楽しそうに予約するので、やむなく支払っているのだそうです。

◪手取り月55万なのに、夫婦で貯金計80万しかない

この時点で改善できそうなのは食費と娯楽費です。夫とかかわりが深い部分でもあるので、Ｉさん夫婦と私の３人で日を改めてお金の話をすることにしました。

改善前　　**改善後**

手取り収入：夫 **553,000**円
妻 **0**円　計 **553,000**円
貯蓄：**80**万円（夫**50**万円、妻**30**万円）
妻管理分金額：**350,000**円 ❶

月の支出 費目	金額	増減額
食費	98,000	→ 77,000（▲21,000）
水道光熱費	31,000	
通信費（スマホ1台、固定電話、ネット）	16,000	夫の携帯代は会社持ち
生命保険料	21,000	
日用品代	10,000	→ 8,000（▲2,000）
医療費	3,000	
教育費	108,000	
交通費	6,000	
被服費	3,000	
交際費	3,000	
娯楽費	48,000	→ 22,000（▲26,000）
小遣い	0	
嗜好品	13,000	→ 90,000（▲4,000）
その他（新聞・NHK・理美容など）	12,000	
支出合計 ❷	**372,000**	削減額計 **▲53,000**
❶－❷＝	**▲22,000**	

夫管理分金額：**203,000**円 ❸

月の支出 費目	金額	増減額
住宅費（社宅家賃）	80,000	
食費	21,000	→ 6,000（▲15,000）
交通費	2,000	
交際費	48,000	→ 36,000（▲12,000）
娯楽費	40,000	→ 15,000（▲25,000）
その他（理美容、隔月になること多い）	4,000	
支出合計 ❹	**195,000**	増減額計 **▲52,000**
❸－❹＝	**8,000**	

改善前 →

夫と妻とで家計管理を分けていることで、支出の重複があり、無駄が生まれている。互いのやりくりが見えないため、互いに貯蓄ができていないことがわからない。収入があるのに全く貯蓄ができない家計になってしまっている

改善後

子どもの教育費はやむをえない支出として変えないが、食費、娯楽費という重複したりかみ合っていなかったりする支出は、会話をして互いの希望を理解することで支出を減らす方向に改善できた

当日、夫に聞くと、毎月の収入は手取りで55万円ほど。そのうちの35万円を生活費として妻に渡し、残り20万円を社宅家賃、自分の昼食代と飲み代、家族で出かける宿泊費などに使っていました。

夫も月4万円の娯楽費を使っています。聞くと、週末ごとに遊園地やテーマパークに遊びに行ったり、家族でショッピングに出かけたりする費用とのこと。無計画がたたり、娯楽費は夫婦合計で月9万円近くに達しています。夫に残るお金はほぼなく、貯蓄は50万円ほどしかありません。

夫は妻に対し、「家賃を払わなくていいんだし、35万円もあれば生活も貯蓄もできるでしょう」と言います。Iさんの家計表が赤字なのがわかると「どうして赤字になるの？　僕も貯蓄できていないし、まずいよ」と驚いていました。

赤字の補塡をしているため、奥さんが結婚前に作った貯蓄の残りは30万円のみ。「夫婦で合計80万円しか貯蓄がない」家庭であるという事実に驚いていました。妻は妻で、夫に貯蓄が少ないとわかり、がっかりしています。

◤会話が増えただけで、家計の無駄が大幅に減った

現状がわかったので、改善の仕方を検討しました。

夫は同僚の手づくり弁当がうらやましいそうですが、妻に遠慮し毎日昼食は外食やコンビニ弁当にしていました。「子どもは毎日弁当なのだから、言ってくれればいいのに」と妻。この会話を交わしただけで、夫の昼食は弁当になりランチ代がかなり減りました。

また、夫は夕飯時に帰宅する頻度が増えました。仕事上の付き合いの飲み会は変わりませんが、友人などと行く飲み会を減らし、家で食事したいという思いが強くなったそうです。妻も「夫が家で食べる機会が増えると料理が楽しくなった」と言い、外食を減らして手料理を増やしました。食費削減につながったうえ、日用品の「ついで買い」も減りました。

夫が勝手に予約してくる温泉などは、話し合って行き先や日程、予算を決めることにしました。計画することも楽しみの一つです。旅行は2、3カ月に1度になりましたが、その間、計画的に積み立てができるし、内容も充実してより楽しい時間を過ごせるようになりました。

奥さんが夫と2人で飲みたいと買っていたお酒代も、事前に相談して買うことによって削

減できました。

Ｉさん夫婦の家計を改善するポイントは「支出の重複をなくすこと」でしたので、会話ができるようになるとスムーズに改善できました。話し合って決めることにより、生活費からは３万円、夫管理分から６万円残すことができるようになりました。

家計管理の方法を根本から変えてしまうとやりにくいということなので、財布を完全に一つにすることはせず、今まで通りの予算で管理しています。それでも改善につながったのは、夫婦それぞれの余剰分を積み立てる通帳を準備し、給料日前に見せ合ってお金の流れを互いに確認し、話し合う時間を作ったからです。

このように、たとえ普段は仲のよいご夫婦でも、お互いに遠慮しあったり、すれ違いで時間が作れないなどの理由で、お金の話をきちんとできていないと、「貯まる家計」は作れません。いたわり合える関係は大切ですが、それもきちんと会話ができ、理解し合えるからこそと思います。

家庭のお金の流れを全体的に把握する、そのために会話をする。まずはそこから始めてほしいと思います。家計は必ずよい方向に変わります。

この章では同じように家族間のディスコミュニケーションが家計の危機を招いているケースについて、ほかにもいくつかの実例を紹介していきたいと思います。

やりくりに無関心な妻 夫はどう動くべきか？

「もっとお金を貯めなくてはいけないのに、なかなか妻が協力してくれません」と相談に来たのは会社員のJさん（43）。家計を主に管理しているのはパートをしている奥さん（41）で、仕事や家事の合間に家計簿をつけています。

Jさんはその家計簿の内容をよく把握していて「食費が高すぎる」「日用品にお金を使いすぎている」などと感じるそうです。ところが、奥さんの方はつけるだけで数字には関心がなく「毎月の収入の範囲内でやりくりできていればよし」としてしまうので、いつまでも家計が改善されないと訴えています。

家計への問題意識に夫婦で温度差

Jさんのご家族はご夫婦のほか中学2年生の長男、小学4年生の長女、Jさんの母（75）で、5人で戸建ての持ち家に住んでいます。住宅を購入するときに貯蓄が一気に減ったこと、子どもが進学を考える時期に差しかかっていること、Jさんの母が体調を崩し気味なので医療費、介護費の負担が増えるかもしれないことなど不安に思うことがいくつかあり、毎月の収入からできるだけ貯蓄を作っておきたいというのがJさんの考えです。

対して奥さんは「仕事と家事で疲れている」「義母に気を使うしお世話もあるので、家計簿をつけるだけで精いっぱい」「今以上にやりくりなどを考える余裕はない」と言うそうです。Jさんがお金の話をしても聞き流すだけで、お金の流れについてほぼ無関心だといいます。

家計を見ると、Jさんの収入と奥さんの収入とJさんの母が食費として入れている2万円を合わせ、毎月の収入は45万4000円。支出は45万1000円なのでわずかに黒字ですが、ギリギリなので貯蓄はできていません。

洋服はあまり買わないし、趣味にお金をつぎ込んでいるわけでもなく、支出自体は派手ではないのですが、全体的に膨らんでいます。これを改善するには日々の支出をコントロールすることがカギになるため、Jさんだけではなく、家計管理している奥さんの協力が不可欠です。

まずは「1週間予算管理」法

「家計改善のために、どうにか妻を巻き込んで動かす方法はないでしょうか」と言うJさんと一緒に方法を考えました。Jさんは奥さんの管理に対して何ものが言えず、ただ全体を把握しているだけという状況が歯がゆくてたまらないそうです。

それなら、行動に移さないと何も変わりません。まずは食費と日用品代を「1週間予算管理」でやりくりしてみるよう、Jさんから奥さんに提案しました。1週間の予算を決め、その範囲に食費と日用品代を収める方法です。

1週間の予算は1万7000円。新しいことを試す代わりに、買い物は「荷物持ちを手伝う」という名目でJさんが奥さんと一緒に行くというルールにしました。Jさんは買い物の中身がわかって安心ですし、予算内で使い方を相談しながら買い物できるのがメリットです。

もちろん、緊急的に必要な買い物は例外ですが、奥さんは手伝ってもらえることを喜んでおり、意外とスムーズに始めることができました。

Ｊさんも「買い物は結構大変なんだ」と実感することができたそうです。一緒にいる時間が長くなり、会話も増えました。予算管理と買い物についてお互いの考えを共有できたこともあり、食費や日用品の支出は自然と下げられました。

また、「大きな効果はないかもしれないけど」と言いながらも、Ｊさんは居間の電球をＬＥＤ電球に、シャワーヘッドを節水タイプに替えました。すると、子どもたちも「どのくらい安くなった？　説明書と同じくらいに効果出たの？」などと関心を持つようになり、電気や水道の節約に協力してくれるようになりました。水道代と連動して下がるガス代を見て、奥さんも「なるほどね」と感心していました。

格安スマホについては、奥さんは関心がありませんでした。そこで、Ｊさんが買い物のついでに家族を家電量販店に連れていき、数ある端末の中から好きなものを選ばせ、半ば強引ではありましたが、新品の格安スマホに切り替えました。

切り替えた翌月、今までのスマホの違約金が発生したものの、新しいスマホの利用料金は従来の半分以下。機種代を含めても数カ月で元がとれてしまうことは奥さんもすぐに計算できました。使用感も変わらず、料金は安くなり、奥さんは「替えてよかった」と話していたそうです。

生命保険は保険の無料相談窓口で加入したままになっていたので、保障内容を見直しました。医療保障と死亡保障を中心に検討し、現在の予定利率ではほとんどメリットがない貯蓄性商品はやめるよう見直しました。

◤家計運営は長丁場、前向きな姿勢で

このように、当たり前の節約方法を生活に取り入れていきました。結果的には、スマホの機種代や違約金、節水シャワーヘッド、LED電球の代金といった初期費用は数カ月で元がとれるほど、月の支出を削減できました。

変わったのは家計簿をつけている奥さんです。Jさんが取り入れる節約方法に感心していましたし、家計簿をつけると「いつもよりかなりお金が残っている！」と驚きながら、うれ

しそうにJさんに話してきたそうです。

奥さんはこれまで、「これ以上節約なんてできる余地はない」という先入観を持っていたようで、「マイホームも購入したことだし、がむしゃらにお金を貯めなくてもしばらくは何とかやれるだろう」という脱力状態にあったようです。

ただ、今回Jさんと取り組んでみて、やれないと思っていたことが、実はやればできるんだということを実感し、少しずつ関心を持ち始めたようです。

今までJさんが孤軍奮闘していた家計のやりくりを奥さんも主体的にやるようになり、支出を削減した状態を安定して維持できるようになりました。削減額は6万6000円。今までの余剰額と合わせ、毎月6万9000円前後を貯蓄に回せるようになりました。これで、貯蓄を増やしていくというJさんの希望はかないそうです。

忙しいし、疲れているという状況で、節約を頑張るなんて面倒だと思ってしまうことや、マイホームを持つと達成感で満足してしまうことがあるのはよくわかります。ですが長い人生、マイホームのみならず、お金が必要になるタイミングは結構、頻繁に訪れます。無理してまで節約してくださいとはいいませんが、簡単なことでもいいですし、少しでもいいので、手間のかからない節約方法を見つけ、お金を残すことを意識してほしいと思います。

夫婦の自己主張が強い家計、こだわりはホドホドに

「毎月赤字ではないので問題ないですよね……？」

質問してきたのは、夫の扶養控除の範囲内の収入でセミナー講師をしているKさん（52）。夫（52）は大手企業に勤め、中学2年生の娘と3人暮らしです。

毎月夫の手取り収入51万円で暮らしていますが、赤字にならない程度に使い切り、貯蓄はできていません。奥さんは家計簿をきっちりつけているそうで、「赤字にならなければ大丈夫。生命保険で貯めているから」と言います。奥さんにも収入はありますが、家計に入れず奥さんが自分の化粧品代や美容院代に自由に使っていて、貯蓄には回していません。

■妻のお金の使い方に納得できない

夫は老後資金や、将来的なお金を非常に心配しています。退職金は1500万円ほどの予定。これでは老後資金としては足りないと考え、定年後は再雇用制度を利用して働こうとしています。しかし住宅ローンもまだ残っていますし、今後は娘の教育費もかかってきます。「今なら貯められる時期だ」と、半ば強制的に奥さんを連れて相談に来られました。

夫は奥さんのお金の使い方に納得できないそうです。しかし、自分自身も毎月9万円の小遣いが必要なので、妻の収入を貯蓄に回してほしいという希望を持っています。そう夫が話すと、奥さんは「あなたも自由に使っているのだから、私が自分の収入を好きに使ってもおあいこでしょ」。うまく話ができなくなるわけです。

支出削減の対策を検討するため家計簿を見ると、奥さんが言うように記録はばっちり、収支も1円単位まで合っています。ただ、計算を合わせるだけで終わっており、振り返りが全くされていません。結果、「お金がかかりすぎているかな」とは思っても支出の中身を見ず、「仕方がない支出」として改善しようともしていなかったのです。

■「必要」なのか「欲しいだけ」なのか

食費は宅配で食材を購入し、その費用が高くついています。かつ外食も多く3人家族にしては高額になっていました。「貯めている」という生命保険は貯蓄型の死亡保障ばかり。医療保障がないのが気になりますが、掛け捨てにはどうしても抵抗があるのだそう。

日用品は買いだめによって在庫が豊富ですが、使い方が荒くティッシュなどがなくなるのが早いという悪循環。また、今はほとんど飲んでいない定期購入のサプリも無駄になっています。子どもは塾と習い事に通わせ、自分の交際費にもお金をかけがち。そして、用途のわからない支出があれば「不明金」として処理しています。

通信費は問題なく、夫の分は会社が負担し、妻子はすでに格安スマホにしていました。

小遣いは、独身時代が長かったこともあり、子どもが生まれてからも「自由にお金が使えないと窮屈」と言いながら、高めに設定していたそう。とにかく、家族に干渉されずに自分が自由にできるお金があることが、ご夫婦にとって大切なようです。

このような状況では、お金の使い方に対する意識を変えないと家計は変わりません。奥さんに聞くと、「必要だと思った」「どうせ使うし……」「夫が欲しいというから」「子どもがかわいいから」という理由で支出することが多く、基準があいまいなようです。

きちんと判断できるようになるために、支出について「必要」なのか「ただ欲しいだけ」なのかを明確にする訓練が必要だと思い、時間をかけて取り組みました。習慣化できることが目標です。

はじめは「すべてが必要な支出」と考えがちでしたが、次第に「これを購入しないことによって何がどう困るのか」ということまで考えるようになり、本当に必要な支出なのかどうかを判断できるようになっていきました。

そうすると食費は宅配の使い方を変え、外食を減らして削減でき、日用品は買いだめを控え、使いすぎを防ぎました。サプリは定期購入を中止し、子どもの部活に注力したいという気持ちを尊重して習い事をやめました。交際費と娯楽費は可能な限り小遣いで負担するようにし、家計負担を減らしました。

生命保険の死亡保障も見直しを勧めましたが、「掛け捨ては嫌。今のまま貯めたい」という気持ちは揺るぎません。貯蓄性の低いものがあったため、それは解約し、医療保障の不足を補うために三大疾病保障保険に加入しました。

夫は奥さんの収入に合わせるため、小遣いを7万円に減らすと決めたそうです。「夫婦が平等で自由に使えるお金がある」というスタイルがKさん夫婦のこだわりだと思ったため、その点には口をはさみませんでした。

◤毎月10万近くの貯蓄を実現

こうして、こだわりの部分は大事にしながら家計を変えていきました。奥さんも「赤字にさえならなければいい」という考え方を改めた結果、毎月10万円近くの余剰が出るようになりました。年間120万円以上貯蓄ができそうです。

本当はまだ支出をカットできそうですが、あまり無理をしてリバウンドしてもいけないので、さらなる支出カットは今後の課題としました。せめて現状維持ができるようにと、半年に一度は家計の確認に来られています。

「妻の収入は妻のもの」「自由にお金を使いたい」「長い経験上、変えられない価値観がある」——。こういった家庭は非常に多いもの。ですが、家族の状況によって変えなくてはいけないこともあるでしょうし、これまでのこだわりを捨てなくてはいけない場合もあります。

考え方を柔軟にし、よいことを吸収しながら家計の健全化を目指してほしいと思います。

夫の給料が月15万減っても、無駄遣いをやめない妻は……

「夫の会社の業績が悪化して給料が15万円も減り、将来が不安になった」

パート主婦のLさん（38）が駆け込んできました。Lさんは夫（41）と中学1年の娘との3人暮らし。収入は夫婦合わせて40万円弱あります。ただ数年前に夫の収入が減ったため、家計は毎月、赤字続きでした。「ボーナスで補填できる」とのんきに構えていたLさんですが、娘の中学入学を機に今後の教育費についての不安がどんどん膨らんできたそうです。

Lさんは書籍や雑誌などで最新情報を収集し、自分なりに支出の削減に取り組んできました。シャワーを節水シャワーヘッドに、電球をLED電球に、スマホを格安スマホに替えました。私が書籍などで紹介している「家計3分法」（P227〜）と「90日貯金プログラム」にも1年以上取り組んでいます。しかし、思うような効果は上がっていません。夫の収入が減る前は400万円近くあった貯蓄も、今では180万円まで急減しています。

◤ドラッグストアが大好き

夫の収入が減ったのは仕方ないとしても、家計の問題はどこにあるのでしょう。家計簿を見ると、水道光熱費は抑えられているし、通信費も安く、これらの費目に問題はありません。ただ一般の家計に比べ、日用品代が極端に多いのです。Lさんはドラッグストアが大好きと言い、特に用事がなくても週に4~5日ほど店を訪れ、時間をかけて陳列棚を眺めては新商品を見つけて買ったり、特売品を購入したりと、必ず何かを買って帰ります。

必要な薬も購入しますが、主に買うのはシャンプーやティッシュ、洗剤などの消耗品や菓子、ジュースです。時にはストッキングなどの衣類も購入します。それと並行して100円均一ショップも頻繁に訪問。文具やキッチン回りの商品で気に入ったものがあればすぐに買い、ほかの店で高額で売っている商品の類似品が売られていると、必ず購入します。ただ数回の使用で壊れてしまったり、使いもせずにしまい込んでいるものもあったりします。

買ってしまう理由も「なくなると困る」「在庫があれば安心」「新しいものを試したい」と

改善前

手取り収入：夫 346,000円
妻 41,000円
計 387,000円 ❶
貯蓄： 180万円

月の支出

費目	金額		改善後	増減額
住居費（ローン＋管理費＋駐車場）	121,000			
食費	76,000	→	53,000	（▲23,000）
水道光熱費	19,000			
通信費（スマホ代、固定電話）	13,000			
生命保険料	20,000			
日用品代	23,000	→	8,000	（▲15,000）
医療費	2,000			
教育費	45,000			
交通費	5,000			
被服費	5,000			
交際費	10,000	→	5,000	（▲5,000）
娯楽費	10,000	→	7,000	（▲3,000）
こづかい（夫4万、妻1万、子1,000円）	51,000			
嗜好品	6,000			
その他（新聞・NHK・理美容など）	18,000	→	14,000	（▲4,000）
支出合計 ❷	**424,000**		増減額計	**▲50,000**

❶－❷＝ **▲37,000**

改善前 → **改善後**

夫の会社の業績が悪化して給料が減ったのに、ドラッグストアや100円均一ショップを頻繁に訪れるため日用品代が極端に多いうえ、コンビニエンスストアで食材を購入する機会も多いため食費も多め。娘の教育費がこれからかかる焦りがある一方、家計は毎月赤字のままで貯蓄も増えない

ドラッグストアやコンビニでの散財をやめるため、これらの店を訪れる回数に制限を設け、スーパーをメインに活用する生活スタイルに。支出は5万円減り、黒字になった。住宅ローンも借り換える予定で、今後さらに黒字額は増える見込み

いうもの。決して「必要だから」ではありません。Lさんは日用品代の合計額がほかの家庭に比べて高額だと思ったことはなく、「こんなものだろう」と思っていました。でも当然ながら、100円の商品でも大量に買えば家計を圧迫します。

「一品足りない」ときはコンビニへ走る

日用品代と食費は連動していることが多いので、食費もチェックしましたが、こちらも支出が多め。その原因はコンビニエンスストアの利用でした。パートの帰りに「夕食の材料が足りない」「一品足りない」「飲み物が足りない」となると、すぐ割高なコンビニで買ってしまうのです。Lさんにとってはこれが当たり前ですが、赤字の原因になっているとは思わなかったようで、指摘すると初めて気づいたような顔をしました。

日用品や食費への支出はLさんの買い物好きの性格が大きく影響していたので、支出を減らすためにルールを作りました。まずは「店に毎日行かない」。ドラッグストアと100円均一ショップもできるだけ行かず、必要なものがあれば週1回だけ買い物をすることにしました。単純なようで、買い物好きのLさんにとっては大変なことです。

こうして食費と日用品代を減らし、交際費や娯楽費も見直して、毎月の支出を合計で5万円削減。赤字は解消し、月1万円以上を貯蓄に回せるようになりました。

ほかには収入の3割強を占めている住宅ローンが気になります。ローン残高は2600万円ほどあり、完済まで20年ほどあったので、夫婦で複数の銀行を訪れ、借り換えしたらどうなるかを聞いてもらいました。「うちの銀行で借り換えたら、毎月の返済額や返済総額はこれくらいになる」といった具体的な話を聞き、自分自身で比較し、どうすればよいかを考えてもらいたかったのです。

Lさんは早速時間を作り、銀行を回りました。「銀行ごとに金利や手数料、借り換え後の返済額が違うけれど、今のままでいるよりは借り換えた方がかなり安くなることはわかった」と理解できたようで、今、借り換えを検討しています。実際に借り換えれば、毎月の返済額を1万~1万5000円ほど減らせそうです。

このように、節約していてもうまくいかなかったり、停滞してしまったりしたときは、客観的に見てくれる第三者に相談するのがよいと思います。

専門家でもいいですし、家族のことをよく知っている人でも構いません。自分の消費行動の問題点や、まだ実行できていない節約方法を見つけるヒントが得られるはずです。そして何といっても家計を改善するには「行動する」ことが大切です。ヒントを得たら先延ばしにせず、Lさんのようにすぐ実行してください。

妻の浪費癖、コントロールする秘訣とは？

会社員のMさん（52）は専業主婦の妻（51）と社会人の娘（22）の3人暮らし。実は妻には浪費で借金を作った過去があります。その借金を返済するために貯蓄を取り崩し、老後資金への不安を抱えたままのMさんですが、妻のお金の使いすぎを防ぐためにある工夫をし、いったんは家計もうまく回るようになりました。

しかし、最近になってまた、妻の浪費癖が再燃したのです。一体何があったのでしょうか。

◤電子マネーの都度チャージで軌道に

Mさんの工夫とは、妻に流通系の電子マネーのカードを持たせることでした。なぜそうしたかというと、食料品や日用品などを買う際、チャージした1万円や2万円といった金額が買い物代金の上限になるからです。物理的に妻に無駄遣いをさせない作戦です。インターネットで利用履歴も閲覧できるので、妻のお金の使途も把握できます。系列のスーパーやコンビニでも使え、ポイントも貯まるので効率的。Mさんなりに考え抜いた「再発防止策」でした。

一方、手元に現金が全くないのは妻が不安がるだろうと、Mさんは1万円を封筒に入れて自宅の決まった場所に置いておきました。ただ、妻がそのお金を使う機会はほとんどなく、Mさんの家族の家計は軌道に乗り始めます。

しかし、Mさんはそれで安心したのか、次第にその都度チャージすることを面倒だと感じるようになりました。そして妻に知らせることなく、「オートチャージ」の機能を使い始めるようになったのです。この機能は電子マネーのカードの残高が少なくなると、預金口座やクレジットカードから自動的にカードにチャージされる仕組み。Mさんはカードの残高が3000円を下回ると、自身のクレジットカードから1万5000円が自動的に妻のカードにチャージされるように設定しました。チャージ前の残高と合わせると、妻は1週間の生活費をまかなうことができ、オートチャージも1カ月に4～5回で済むだろうとMさんは考えたのです。しかし、この見通しは極めて甘いものでした。

◪オートチャージをきっかけに妻の暴走がスタート

妻は早い段階で「カードの残高が自然に増えている」と気づきます。一方のMさんは油断して、妻のカードの利用履歴を確認する頻度が少なくなっていました。しばらくして、Mさんはクレジットカードの請求が急増していることに気づきます。利用明細を見ると、妻のカードに月に8～9回、オートチャージされています。想定の2倍です。

妻にそのことを問いただすと、「買い物をしてカードの残高が減っても、すぐに増えるので調子に乗ってしまった」。Mさんにとって電子マネーのカードを持たせることは妻の浪費を防ぐために考え抜いた「苦肉の策」だっただけに、驚きと落胆は大きかったようです。「妻の金銭感覚を根本から変えなくてはいけない」と夫婦で私のところに相談に訪れました。

まず妻に対し、都度チャージのときにはその金額の範囲内で我慢できていたのに、なぜまた使いすぎるようになってしまったのか、理由を聞きました。「家族みんなにおいしいものを食べてほしかったし、自分が気に入った日用品をみんなにも使ってほしかった。以前はカードの残高が少なくなるとそうしたものが買えなかったが、残高が自然に増えるようになり、つい多めに買ってしまった」と言います。主な使い道は食材や総菜、酒、そして「娘が喜ぶと思って」と香りのよい高価なティッシュや洗剤類などの購入でした。

「あればあるだけ使う」という妻の浪費癖を治療するのは生半可なことではないと私は直感しました。再燃させたきっかけはやはり、オートチャージ機能です。これをすぐにやめなければいけません。オートチャージの設定は解除し、以前の都度チャージに戻したうえで、妻にやりくりしてもらうようにしました。

1週間で2万円の都度チャージへ

都度チャージする金額は「1週間で2万円」と決めました。以前に比べ、チャージ額は少し多めです。これはある程度、余裕を持たせることで、ストレスをなるべく少なくしてやりくりさせるための手法です。また、「これを機に妻に正しいお金の使い方を覚えてほしい」

というMさんの要望を受け、休日には夫婦で一緒に買い物に行くルールを作りました。

妻は欲しいときに欲しいものが買えない状況に苦しみ、一度緩んでしまった金銭感覚を元に戻すのにかなり苦労しましたが、計画的にお金を使いさえすれば、予算の中で欲しいものが買えることを次第に理解できるようになりました。

その結果、食費や日用品代、嗜好品代が減り、3人家族でも許容範囲と思える金額まで支出を減らせました。

◪生命保険は保障重視の掛け捨てに

Mさんの家族の家計の問題点は妻の浪費癖だけではありません。生命保険の保険料が高額で、通信費も減らせる余地が大いにありました。生命保険については「やりくりが下手な妻より先に自分が死んでしまったら、妻は生きていけなくなる。だからたくさんのお金を残してあげたい」というMさんの優しさからか、貯蓄性の高い保険を中心に契約しています。しかし、保険で貯蓄するのは効率がよくありません。医療保障など保障を重視した保険に掛け捨てで加入するなどの方法で大幅に保険を見直し、浮いたお金で投資信託に積立投資するなどして貯蓄を増やした方がいいと提案しました。

通信費については、スマホを格安スマホに替えることにMさん自身も不安を持っていました。切り替え方がわからないうえ、「格安スマホはきちんと使えるのか」といった誤解もあったので、わかりやすく説明して理解を促しました。Mさん夫婦は私の提案をすべて受け入れ、月に10万円以上、支出を削減できました。

浪費癖は周りの人にも責任がある

妻の浪費癖は簡単には直りそうにありませんが、都度チャージで妻の買い物を管理することは無理なくできそうです。

Mさん夫婦はあと10年もしないうちに老後を迎えます。支出のダウンサイジングを維持できないと、年金生活になったらあっという間に破綻します。Mさんは休日は夫婦で一緒に買い物に出かけて妻の金銭感覚を正していき、1週間分を都度チャージするルールを老後も続けるつもりです。

支出をコントロールできない人がそのまま暴走してしまうのは、周囲の人が優しすぎて、言葉で直接注意できないなど強く制止しないことにも原因があります。

こうした場合、都度チャージのようなツールを利用して使える金額を制限しながら、お金の使い方を周囲の人が見守ることが必要になってきます。その際、ある程度余裕のあるやりくりをさせたり、「お金がない」という精神的な圧迫感を与えたりしないといった配慮を忘れなければ、節約は無理なく続けられ、家計は改善へと向かうのです。

＊＊＊

こんな夫婦の家計は悪化する？破綻を招く危険な習慣

みなさんはご夫婦で、家計の話をしていますか？　というのも、家計がうまくやりくりできていないご家庭は、夫婦間、家族間でお金の話をきちんとしていない傾向があるのです。

ぜひご夫婦でお金の話をしてほしいと思っています。

近年は女性の社会進出が進み、共働きのご夫婦が7割ともいわれています。この場合、ご夫婦のそれぞれに収入があるので、「相手の収入については聞きにくい」「貯蓄がいくらあるかなんて、聞いたら失礼だ」などという遠慮から、なかなかお金の話ができないという人が増えているようです。

また「自分が稼いだお金は自分で管理したい」という考え方が強くなり、一つの家庭で暮らしているにもかかわらず、お財布は別々であるご夫婦が多くなっています。

一つの世帯であるのに、夫婦で別々に家計管理をしていることを、「夫婦別財布」と呼んでいます。もし、夫が一人で働き、妻は専業主婦というご家庭であっても、ご主人の収入の一部をもらって生活費にし、ご主人は残りのお金を管理しているというようなやり方をとっている場合は、それも、夫婦別財布に入ります。

「夫婦別財布」はなぜ貯まりにくいのか？

夫婦別財布のもとでの家計管理の仕方は、それぞれの財布からお金を出し合う、担当する費目を決めるなど、さまざまです。完全に別々というご家庭は非常に家計管理がしにくいようです。共有部分が多いほど、家計管理はうまくいきやすくなります。

なぜだと思いますか？　２つの財布が別々な方向を向いてお金を使えば、いくら節約を意識しても、お金は貯まりません。そして、重複するような無駄支出が増えていく傾向にあります。

共有部分が多ければ、比較的同じ方向を向いてお金を使うことになるので、家計管理がしやすく、お金も貯まりやすいようです。どういうことかというと、ご夫婦でどのようにお金を使うか、何を大切にしてお金をかけ、その分どこで節約していくかを話し合って使うことができるからです。

つまり、家計のやりくりをうまくしていくには、「夫婦の風通しがいい」ということが一番なのです。日頃からコミュニケーションがとれているとか、相談しやすい関係がきちんとできていることが大切です。

たとえ、夫婦別財布でやりくりをしているとしても、もし、夫婦間で「今月の収入はこのくらいあって、私はいくら使ったからいくら残っているよ、貯蓄はいくらあるよ」などと話ができていて、互いに理解していれば、大きな問題は起こりません。そういう意味では、夫婦でよく話をしている、互いの状況がわかっているということが大切なのです。

相手のお金の使い方をきちんと把握できていないと、気がついたときには貯蓄が全くないとか、借金ができていたなどということにもなります。お金が足りないと思ったときに、一緒に解決策を考えられないうえに、節約したいと思っていても、協力を得られないという事態にもなります。

つまり、足並みがそろわない関係性になってしまうのです。少しさみしいですね。

月1の「家族マネー会議」開催のすすめ

こういうことが起こらないように、私は「家族マネー会議」をすることをお勧めしています。ご夫婦でも、家族でも、一緒にお金を使っている人たちで、月に一度集まって、お金の話をするのです。

「家族マネー会議」では、収入、支出、その差額からできた貯蓄額、購入したいと思っているものとその理由などを話し合います。家族のお金の捉え方や、自分と違うものの見方を知ることで、本当に必要なところにお金をかけているのかが見えますし、何より、家族が何にお金を必要としているかがわかります。そうすると、資金計画も立てやすくなります。お金を貯めることができている人たちは、周囲の人と、よく話をしています。目標、目的を同じにし、節約も、お金を貯めることも、生活の仕方も、協力し合っているのです。

COLUMN

家計簿アプリで支出把握は確実？ 早期リタイアを夢みる30代独身男性の現実

「50代になったら早めにリタイアしたいと思っています」と明るく話すNさんは現在35歳。独身の男性で、システムエンジニアです。Nさんが家計相談に来た目的は、早期リタイアを目標としたライフプランの相談と、貯蓄・運用などの基本的な考え方を身につけるためです。

現在の貯蓄額は730万円。基本的には貯められる人だという印象です。「いつも節約を意識して1年間で100万円くらい貯めていると思う」「先生がよく言う〝支出の把握〟はアプリで記録をつけているから大丈夫」と自信満々な様子です。ですが、クレジットカードの利用代金を払ったら残していたはずのお金がなくなっていて驚くこともあるというので、本当に支出をきっちり把握しているのかどうかは怪しいと思いました。

お話を伺いながら家計表をまとめると、貯蓄額に反して、意外にも収支は赤字でした。よく聞いてみると、730万円の大半は長期間にわたって親から少しずつもらったお金とのこと。

一応、支出を抑える努力はしていて、格安スマートフォンを利用したり、生命保険も保険料の安い共済を契約したりしています。食費や水道光熱費、日用品代なども比較的よく節約できているようです。

ただ、被服費と娯楽費の支出が多く、これらはNさんにとっては譲れない支出のようでした。被服費については洋服はもちろん、靴やカバンが好きで、好みのものを見つけると衝動買いしたり、クリーニングを頻繁に利用したりしています。娯楽費の内訳は書籍購入や、趣味である風景写真を撮るために、撮影場所に出向く費用です。そして気軽にクレジットカードを利用するので、支出がわからなくなってしまうようでした。

支出の仕方にはメリハリがあり、Nさんなりの「お金をかけたい支出」と「お金をかけたくない支出」のすみ分けはできているようです。現状は赤字ですが、把握しきれていない支出をしっかり把握すれば改善が見込めそうです。

お金をかけたい被服費・娯楽費は毎月7万3000円に達しています。加えてボーナスからもこれらの支出に少し回しているそうなので、年間100万円近く使っている計算になりました。計算してみるとNさんも「使いすぎだ」と実感できたようです。

毎月の支出については食費や水道光熱費など、生活必需品を購入するだけにし、そのほかの支出はボーナスから支払うようにしました。そうすれば、毎月の赤字が解消できます。予算はボーナスごとに被服費・娯楽費で10万円ほど、プラスαの自由資金として10万円ほどの計20万円に設定しました。

買える洋服や写真撮影のための旅行の回数は減りますが、その分「計画する」楽しみができました。これに合わせて交通費も減りました。

少し気になったのが生命保険です。保険料の安い共済に加入していますが、60歳になると保障が小さくなることに気づいていないようでした。そのため、毎月の保険料は少し上がりますが、保険料と保障内容がずっと変わらない医療保険に加入し直しました。

お金の使い方を変えるという計画を立てたことが影響し、食費、日用品代も少し下がりました。

月の削減額は合計で７万７０００円。収支で見ると6万４０００円の黒字です。ボーナスの役割を「生活費の補塡、被服費・娯楽費の一部、プラスα」という内容から、「被服費・娯楽費、プラスα」と整えたため、年間の総支払額が減りました。

特に被服費・娯楽費は今までの年間総額１００万円から30万８０００円まで落とすことができました。年間の黒字額が76万８０００円、ボーナスの残りが年間60万円なので、合計すると1年間で１３６万８０００円を貯蓄できる見込みです。

これを基に試算すると、50歳になるまでの15年間で、２０５２万円貯まります。現在の貯蓄７３０万円と合わせると２７８２万円。３０００万円弱という金額は、60歳時点で老後資金として用意しておきたい金額です。つまり、早期リタイアは難しそうだという結論になりました。

「やはり、しっかり働いたほうがよさそうですね」と苦笑いしながらも、老後資金を作るために上場投資信託（ETF）など比較的リスクの小さい投資商品を購入したり、iDeCo（個人型確定拠出年金）を始めて運用したりすることにしました。もちろん、投資経験はまだほとんどないので、しっかり勉強してからの話です。

最近はアプリで支出管理をしている人が増えています。しかし、有効利用しないまま記録しただけで満足してしまうと、支出全体の流れがわかりにくくなります。支出を管理したい、貯蓄を管理したい、増やしたいと思うなら、きちんと月ごとの収支を見ることが大切です。そのうえで、予算を立てるのも効果的です。

そして、もしアプリやパソコンソフトではうまくいかないなと感じたら、ぜひ一度、アナログに戻ってみてください。2、3カ月の一時的な期間でも構いません。手書きで家計簿をつけることできちんと支出が把握できたというケースも多くあるのです。

第 4 章

教育熱心のはずが……
迫り来る「子ども破産」

手取り72万円でもカツカツ？娘の進学と老後資金

会社員のOさん（47）は会社役員の夫（50）と共働き。高校2年生の長女、高校1年生の次女の4人暮らしです。夫妻合わせると、毎月72万円超の手取り収入がありますが、貯蓄できるのは月平均で6万6000円ほどしかなく、貯蓄額は190万円にとどまっています。今後、2人の娘の大学進学でまとまったお金がかかります。そこで「家計を改善しなければ」と焦り始めたOさんが相談に来ました。

月に72万円超もの手取り収入がありながら、なぜ娘2人の進学費用が足りないのでしょうか。

2人の娘の教育費に月16万円超

Oさんはもともと、ボーナスで貯蓄を増やそうと思っていました。会社役員の夫にはボーナスはありませんが、Oさんには夏冬それぞれ20万円ほどがあります。しかし、固定資産税の支払いや帰省の費用などで底をつくそうです。ただ、「手取りで月72万円超の収入があるのに貯蓄が全くできない月がある」ということの方がむしろ深刻で、日々のやりくりに問題があるとしか思えません。

Oさん一家の家計は特に教育費と食費が一般の家庭に比べ、突出しています。それに引きずられるかのようにほかの費目も支出が膨らんでいます。

教育費は2人の娘の学費と塾の費用です。「教育ママ」と呼ばれそうなくらい夫とともに子どもの教育に熱心に取り組んできたOさん。「いい大学に通わせ、いい人生を歩ませたい」という強い思いから、2人とも私立の進学校に通わせ、それぞれを志望大学への進学率の高い塾に通わせています。その結果、教育費は月に16万円超にも膨らんでいました。Oさん夫妻は「どの家も教育費はこんなものだろう」と思っていたようで、一般の家庭に比べて高額だと思ったことはなかったそうです。

長女は高校卒業後、国内の大学には進学せず、留学を希望していますが、高校の進学担当の教師からは「留学費用の目安は学費と生活費で年間300万円」と説明されています。現在の貯蓄額190万円では初年度分さえ準備できていませんし、貯蓄を長女の留学費用に充てると次女の進学費用が足りなくなります。

◤なぜ月12万の食費がかかるのか

次なる問題が月12万円を超える食費です。このうち外食が4万円ほどを占めています。Oさんは自分で料理しようと頑張ってはいますが、長くは続かず、総菜や弁当などの「中食」が多くなっています。その結果、料理用にスーパーなどで購入した食材をダメにしてしまうこともよくあります。そもそも食費について特に予算を決めておらず、支払った金額も集計していないので、覚えている範囲で食費を計算しただけでも月10万円を軽く超える状況でした。さらに総菜などを買うついでに日用品を無計画に購入するので、つられて日用品代も高額になっています。

被服費も多めです。2人の娘が通う高校はそれぞれ制服ですが、塾には私服で行く機会が少なくありません。娘たちから「最近流行の服が欲しい」と頼まれると、Oさん夫妻は断れないそうです。さらに、Oさん自身もママ友とのランチや飲み会が頻繁にあり、交際費が膨らんでいます。

改善前		改善後
手取り収入：夫 482,000円 妻 242,000円	計 724,000円 ❶	
貯蓄： 190万円		

月の支出		
費目	金額	増減額
住居費（ローン＋管理費＋駐車場）	117,000	
食費	126,000	→ 72,000（▲54,000）
水道光熱費	23,000	
通信費（スマホ代、固定電話）	41,000	→ 19,000（▲22,000）
生命保険料	20,000	
日用品代	10,000	→ 8,000（▲2,000）
医療費	2,000	
教育費	163,000	
交通費	4,000	
被服費	18,000	→ 10,000（▲8,000）
交際費	15,000	→ 0（▲15,000）
娯楽費	3,000	
こづかい（夫5万、妻3万、長女1万、次女3,000円）	93,000	
嗜好品	1,000	
その他（新聞・NHK・理美容など）	22,000	
支出合計 ❷	**658,000**	**増減額計▲101,000**
❶－❷＝	**66,000**	

改善前 → **改善後**

改善前	改善後
どんぶり勘定で家計の状況を全く把握しておらず、外食などの食費や教育費、交際費の支出が膨らんでいることに気づいていない。２人の娘の大学進学を控えているが、貯蓄が不足し教育資金が準備できずにいる	２人の娘が料理に協力するようになり、外食したり総菜を買ったりする回数が減った。妻もママ友との交際費をゼロにするなど、家族が協力して支出削減に取り組んだ

通信費が高額な理由は、家族全員がスマホを持っており、かつ契約している通信会社が大手のキャリアというよくある話です。Oさん夫妻は格安スマホに切り替えれば料金は安くなるし、通信状態もそれほど悪くならないことはわかっていますが、「いつか格安スマホに替えたい」と思いつつも「時間がない」「面倒だ」といった理由で切り替えていません。

家計の惨状に子どもたちもショックを受ける

こうして支出の問題点を洗い出すと、Oさんは家計の実態を初めて知ったという様子で驚き、「共働きということで安心してしまい、支出全体がどんぶり勘定になっていた」とうなだれました。また、これまでOさん夫妻の頭にあったのは「2人の娘の教育費をどうするか」ということだけでしたが、夫はもう50歳。今後働ける期間は限られており、老後資金の準備もしなくてはいけません。Oさんの家族は教育資金と老後資金のバランスをとりながら、早急に貯蓄を増やしていかなくてはいけない状況でした。

Oさんは相談から帰宅した後、夫や2人の娘に家計表を見せながら、毎月の収支と現在の貯蓄額の現状を正直に伝えました。夫も娘たちも驚いていましたが、特に長女は自身が通っている高校の学費や塾の費用など具体的な金額を初めて知り、「こんなに高いのか」とショックを受けたといいます。

長女は「迷惑をかけるが、高校卒業までは学費を出してほしい」とOさん夫妻に訴える一方、「留学はあきらめるつもりはないが、塾に頼らなくても合格できるよう、身の丈に合った留学先を選び直し、留学後の学費や生活費には奨学金を利用する」と宣言。家計に協力的な姿勢を見せるようになりました。

また、娘たちは高額な食費についても心配し、外食や総菜を買う回数を減らしてその分、自分たちが料理を手伝うことにしました。自宅で料理をする機会が増えてガス代は上がりましたが、一方、電気や水道の無駄遣いをしないよう注意したため、水道光熱費全体では現状を維持。総菜などを買う機会が減ると、「無駄な買いだめはしない」とつられるように日用品代も減っていきました。

Oさん自身もママ友とのランチや飲み会の費用は交際費ではなく、自身の小遣いから支払うこととし、娘たちも含めて洋服を購入する頻度を減らしました。スマホも家族全員が格安スマホに切り替えました。

こうした取り組みで、毎月の支出を10万1000円削減。これまでは貯蓄に回るお金がゼロという月もありましたが、毎月16万7000円ほどの余剰金を捻出でき、貯蓄に回せるようになりました。この金額を1年半貯め続けると300万円に達します。長女の留学費用の1年分は準備できる計算ですが、長女が奨学金を利用して留学すれば、その分を次女の進学費用や老後資金に回すことができます。

まとまったお金はすぐに準備できない

自分の家庭の支出がわからないどころか、考えたこともないという人が多くいます。「当面はまとまったお金は必要ない」という暮らしをしている人はそれでいいのかもしれませんが、子どもの教育費や老後資金など、まとまったお金が必要になるときが誰しも必ず来ます。

そのときに備えてお金の使い方を改善し、自身が望む暮らしをするにはどのくらいのお金が必要なのかを把握しておかなければなりません。まとまったお金が必要になって初めて準備するのでは間に合わないことがほとんどなのです。「毎日、支出を確認しろ」などと神経質なことを言うつもりはありませんが、時にはお金の使い方を振り返り、使いすぎや無駄な支出がないかを確認することが肝要です。

定年まであと10年、教育費かけすぎ家庭の末路

「今からでも老後資金を作れるでしょうか」と相談に来たのはパート主婦のPさん（49）。会社員の夫（50）は、あと10年で定年を迎えます。末のお子さんが独立して少し貯蓄ができるようになったため、効果的に上手に貯めていくにはどうしたらいいのかという相談です。

奨学金の一括返済であっという間に貯蓄がなくなる

Pさんには、すでに家庭を持っている長男（27）、2年前に独立した長女（24）、今年独立した次男（23）の3人の子どもがいます。

「自分たちの老後だけでなく、長女や次男の結婚資金や将来、孫にかかるお金も一部出せるぐらいお金を貯めたいです」と言うPさんご夫婦。現在の貯蓄額は150万円です。今まで

子ども3人を大学に通わせ、末っ子は浪人したので予備校にも通わせました。

子どもの教育費にお金がかかるばかりで、思うように貯蓄ができていません。年間130万円ほどボーナスが出るので、大半を貯めていたそうですが、子どもの奨学金の一括返済に充ててしまい、あっという間に貯蓄を減らしました。「親の都合で申し込ませた奨学金なのだから」と、返済はPさん夫婦でしていたそうです。

そんなPさん夫婦の貯蓄を順調に増やしていくにはどうしたらいいのでしょうか。方法を検討しようと、これまでつけていた数年分の家計簿を見せていただきました。

確かにお子さんが大学に通っている間は収支ギリギリの家計でした。お子さん2人が同時に大学に通う時期もあり、その時期はやりくりがきつく、教育ローンを利用していたこともわかりました。

全体的な収入は以前も変わりなく、夫婦共働きで手取り収入は合計42万円。夫の収入が上がらないときは奥さんが仕事を増やして収入を上げるなどして、バランスをとっていたそうです。

子どもが全員独立したため、今では毎月5万～6万円の余剰ができるようになりました。

我慢して切り詰める生活をしてきたので、今後は自分たちも生活を楽しみたいという気持ちがあり、その費用にはボーナスを充てたいそうです。だから、まずは月々の収支をしっかりと管理し、老後資金づくりに励みたいということでした。

◤小さな節約で月3万5000円浮く

現状の家計を見ると、今までやりくりを頑張ってきただけあり、食費が7万2000円と高めではあるものの、ほかはよく節約されています。食費を削減し、水道光熱費、通信費を少し削ることを目指し、生活の仕方を工夫することにしました。

食費は子どもが独立し2人になったので、つい面倒くさくなり、外食や総菜などをよく利用するようになっていたそうです。ご夫婦ともそれを自覚していましたので、もう少し自炊の比率を高めるようにしました。

ネットで生活用品を買う機会も多いそうですが、送料を無料にしたいため、つい買いすぎてしまうそう。宅配してもらった方が便利な重たいものの買い物は、月1度にまとめるなどしました。

水道光熱費は水道の使い方を見直しました。流しっ放しにしないという最低限の取り組みはもちろん、入浴よりもシャワー浴が多いそうなので節水シャワーヘッドを導入し、水道代とガス代を削りました。通信費は格安スマートフォンに切り替えました。固定電話やインターネット回線の料金も含め、支出が半減しました。

この3つの費目で3万5000円の削減です。収入や生活のペースは今後も変わらないと仮定したところ、毎月の収入から8万円、ボーナスから年間70万円貯蓄できることになりました。つまり、60歳までに1600万円以上の蓄えができます。

ただ、夫の退職金の見込み額は1000万円前後。定年時に住宅ローンは完済の予定なので生活費は下がる見込みですが、定年後に再就職したとしても医療費や住宅の改修費なども考えるとギリギリです。

そこで、お子さんが遊びに来たときにご夫婦の老後のお金の話などを話題にしたそうです。すると子どもたちは、「友人は奨学金を自分で返しているし、それが当たり前だと思う。自分たちはすべて親が返してくれたのだから、せめて教育ローンの返済は援助させてほしい」と、3人がそれぞれ毎月1万円返済を負担してくれることになりました。

そのため、Ｐさん夫婦の毎月の支出はさらに3万円減り、毎月11万円の余剰が出るようになりました。ボーナスも合わせて順調に貯めれば60歳までに２０００万円を超える貯蓄ができる見込みです。今後は資産運用の勉強をして預貯金と並行し、「つみたてＮＩＳＡ」にも取り組んでみたいと考えているようです。

◪晩婚・晩産の人が特に要注意な理由

特に浪費をしているわけではなく堅実を心がけている家庭でも、教育費の支出負担は大きく、定年が見えてきてから焦ってしまう姿をよく見かけます。Ｐさんご夫婦はお子さんが巣立ってから10年の猶予がありますが、晩婚化・晩産化の影響で教育費がかかる時期に老後資金を貯めなくてはいけないケースも少なくなく、現代の家計の大きな問題になっています。

Ｐさんのように子どもの教育費は全部親が負担するのが当然と考えている方もいますし、教育費負担が一番重たい時期と、自分の収入が最も高くなる時期が重なることによって、ついつい過大な教育費をかけてしまう人もいます。

寿命が延びている今、老後生活も長くなり、老後資金の必要額が増えています。そこに親や自分たちの介護が加わると、さらに家計は逼迫します。将来を見据え、時には子どもも巻き込みながら、リタイア後の自分たちの生活資金をきちんと作ってほしいと思います。それが老後、子どもや周囲に迷惑をかけないことになるのです。

このままでは定年後があぶない……「子どものため」で追い込まれる家庭

「大学の学費など2人の子どもにかけるお金が膨らみ、貯蓄がどんどん減っている。このままでは老後の生活が不安だ」

男性会社員のQさん（57）がパートの妻（55）と連れだって相談に来ました。Qさん夫妻の貯蓄は現在、6000万円ほど。一方、60歳の定年時に受け取れる退職金は1300万円程度の見込みです。

「老後資金は一般的に3000万～5000万円が必要だと聞いているが、貯蓄と退職金を足しても3000万円には遠く及ばない」。定年が近くなり、Qさんは焦っています。

1人暮らしの長女に日用品を渡す日々

Qさんは妻と大学2年の長男との3人暮らし。また、社会人として独立した長女（26）が電車で15分のところにある賃貸マンションに住んでいます。長女は週末や仕事が早く終わった日など、頻繁にQさんの家に帰り、食事をしたり、泊まったりします。長女が自分のマンションに戻る際、日用品などを持たせると喜ぶからと、常に多めに準備していることで生活費が膨らんでいます。

自宅から大学に通学している長男は、友人との飲み会などの外食費や交際費はアルバイト代でまかなっています。ただ、自宅にいるときは当然ながら家で食事しますし、学費や通学定期など必要な費用は親が払っています。Qさん夫妻は長男の学費のために月5万円を積み立てていますが、それだけでは足りず、貯蓄から年間70万円ほど拠出しなくてはなりません。老後に不安を覚えた今、とてもつらい支出と感じるようになりました。

Qさん夫妻の話を聞くと、夫婦の生活費が膨らんでいるというより、むしろ子どもにかけるお金が家計を圧迫しているようです。家計簿を細かく分析すると、教育費はもちろんですが、さまざまな費目に子どものための支出が隠れていました。Qさん夫妻の支出では、入りっ放しで見直していない生命保険の保険料が高く、通信費も多めです。結果として毎月の収支は5万円もの赤字となっていました。

◪家計の窮状に驚く子どもたち

Qさん家族の家計は全体を見直す必要があったので、「ぜひ子どもも一緒に話し合いを」と提案。週末に2人の子どもが集まったところで、貯蓄額や毎月の収支の状況、老後資金の見通しなどを子どもたちに伝えてもらいました。

家計の現状に驚いた子どもたちは、それぞれが改善策を提案しました。長女は時々、家に帰ることはあっても、日用品などをもらったり、食事を頻繁に出してもらったりするようなことはしないと約束。あと2年も学費などを親に負担させることが心苦しくなった大学生の長男は、友人の半分近くが利用している奨学金を自分も借りると提案しました。ただ最近では奨学金を借りたものの、就職後も返済できずに自己破産したケースが少なくありません。両親がそのことを指摘すると、長男はパソコンのソフトを使ってシミュレーションしました。月5万円の奨学金を、残りの大学生活の2年間利用したとすると、利息を含めた返済総額は１４４万円強になります。就職後、毎月１万円を返済するとしたら、完済するまでに12年。この条件での奨学金利用を検討し始めると、親がすべてを負担して大学を卒業した長女が「自分のせいで貯蓄が減ったので、弟が奨学金を返済し始めたら、半額の５０００円を負担する」と申し出ました。

学費など長男にかけているお金は1年間で、毎月の積み立ての60万円、貯蓄からの取り崩しが70万円の合計１３０万円ほど。今後は奨学金から年間で60万円の貸与を受けるほか、長男はバイト代の一部を貯めて年に40万円を親に渡すことにしました。これで親の負担は、差し引き年30万円に減らせます。また、通学定期などの交通費や理美容費も長男が自分のバイト代から払うようにしました。

「アカウント型」の保険を見直し

次は夫妻の支出の見直しです。夫のQさんがずいぶん前に契約した生命保険は、さまざまな保障と積み立て部分がセットになった「アカウント型」。主契約の保障部分の保険料が更新のたびに上がる仕組みで、保障の内容を減らして保険料が上がらないように調整している商品でした。あまり効率がよくないうえ、Qさんの健康に問題がないことを踏まえ、妻の保険も含めて現状に合った保障内容に見直しました。

通信費ではスマホの格安スマホへの切り替えが課題になりました。夫妻は格安スマホにすれば通信費をかなり抑えられるとわかってはいたものの、どこでどう手続きしたらいいのかを知りませんでした。そこで大手家電量販店で手続きすることを提案。実際に「簡単に切り替えられた」そうです。

こうした取り組みで、支出総額は月11万1000円も減りました。毎月の収支も6万円の黒字に転換。これを毎月貯めていけば、2年間で計144万円ほど貯蓄を増やせます。年30万円の長男の教育費も、2年程度なら余裕を持って負担できそうです。

この家計改善で、Qさん家族の1カ月の生活費は25万9000円まで下がりました。この生活費で老後の生活を考えてみます。定年退職後も社会保険料などはかかりますが、Qさんは65歳になるまでは継続雇用で働き、妻はパートを続けるそうで、2人合わせて月収26万円前後が期待できます。住宅ローンは、Qさんの公的年金の受給が始まる65歳までに完済できる見通しです。これにより65歳以降、支出が年金受給額を上回ったとしても、月1万〜2万円程度で済む見込み。

夫妻が95歳まで生きると考えると、65歳以降の老後の生活費の不足は総額で360万〜720万円で、現在の蓄えでも乗り切れそうな見込みです。

シングルだからって教育をおろそかにできない 気負いで家計が圧迫され……

2年前に妻と離婚し、一人息子を引き取った男性会社員のRさん（37）が相談に訪れました。

離婚後、子どもを保育園に預けながら子育てと仕事を両立させてきました。最近、保育園の保護者会で小学校入学のことが話題に上り、子どもの教育についていろいろと考えさせられたというRさんは「教育費が貯められるのか」とだんだん不安になってきたそうです。

Rさんは職場の理解と協力で、自宅へ持ち帰る仕事はあっても残業はほとんどなく、土日も基本的に休みなので、子どものために計画的に時間を使うことができます。一方、仕事以外の時間は家事はもちろん、子どもと遊んだり、塾やプール、英語教室に通わせたりしていて、自分の時間はほとんどとれません。

◪元妻からの養育費も使い切る

月々の収入は元妻からの養育費も合わせて38万円強。しかし、そのほとんどを使い切っています。

「ほかの社員と同じように残業して休日も仕事ができれば収入をもっと増やせるが、今の自分には無理。ただ、大人と子どもの2人だけの生活には困らないくらいの収入もあるはずで、必要なことにしかお金を使っていないつもりなのに、なぜ毎月ほとんど残らないのか……」。そう嘆くRさんと一緒に、どんな支出が不要なのか、なぜ貯蓄できないのかを考えていきました。

家計簿はアプリを利用してつけていましたが、つけるだけにとどまっていました。またマンションを購入して住宅ローンを支払っていますが、借入金利は高くないので、借り換えな

改善前		改善後
手取り収入：自分 362,000円 / 養育費 20,000円	計 382,000円 ❶	
貯蓄： 100万円		

月の支出 費目	金額		増減額
住宅費（ローン、管理費、駐車場）	87,000		
食費	79,000	→ 51,000	（▲28,000）
水道光熱費	19,000	→ 16,000	（▲3,000）
通信費（スマホ代、固定電話）	24,000	→ 11,000	（▲13,000）
生命保険料	10,000		
日用品代	11,000	→ 8,000	（▲3,000）
医療費	2,000		
教育費	83,000	→ 66,000	（▲17,000）
交通費	6,000		
被服費	8,000		
交際費	5,000		
娯楽費	15,000	→ 8,000	（▲7,000）
こづかい	10,000		
嗜好品	6,000		
その他（新聞・NHK・理美容など）	13,000		
支出合計 ❷	**378,000**	増減額計	**▲71,000**
❶－❷＝	**4,000**		

改善前 → **改善後**

改善前：一人で子育てをしなくてはいけないという気負いから、教育費をはじめ、子どもにまつわる支出は惜しみなく出している。今しか見えず、先を見据えない家計になっている

改善後：本当に必要な支出かどうかを再検討し、支出を削減。子どももゲーム感覚で協力し、貯蓄を増やせる見込みができた。子どもと過ごす時間も増えた

どせず様子を見ることにしました。食費を見ると、自炊はある程度頑張っているようですが、やはり難しい面もあり、総菜や外食が中心。Rさんの仕事中の昼食代もあります。

水道光熱費は割と気にしないで使っており、通信費は固定電話のほか、光回線のインターネットを利用。加えてスマホ、タブレット端末の利用料がかかっています。洗剤やシャンプー、リンス、トイレットペーパーなども買いだめしがちで、なおかつ使いすぎる傾向にありました。

「母親がいないからといって教育をおろそかにはできない」との考えから、教育費も大きな負担になっていました。「子どもに寂しい思いをさせない」と、週末の空き時間に2人で外出することでもお金がかかっています。

■「子どものため」を言い訳に？

こうした支出はある意味、Rさんの「気負い」の結果。もっと厳しい言い方をすれば、「子どものため」を言い訳にしたメタボ家計であり、これではお金は貯まりません。Rさんの仕事と子育て両立へのモチベーションを下げないよう、そして少しでも精神的にも金銭的にもゆとりができるよう、支出の削減に取り組んでいきました。

まずは減らしやすい通信費からです。自宅のネット環境はそのままにしつつ、スマホを格安スマホに替えました。

食費は改善が難しいように思えましたが、日用品と合わせ1週間分の予算を決めることを提案。すると、子どもも一緒になってゲームのようにその金額内で生活し始めました。食事の質や内容は以前より少し劣ったかもしれませんが、食費が足りなくなったり、逆に食材が余ったりしたときはレシピのアプリを活用。子どもと一緒に簡単な料理を作るなど、自炊も上手に工夫できるようになりました。洗剤などの買いだめもやめました。

両親がいる家庭と同じにしたい思いで支出が多くなっていた教育費は、習い事の優先順位をつけ、一番やりたいものを一つだけ続けることにし、ほかはやめました。その分、一緒に公園に行ったり、散歩をしたりする時間が増えました。息子はRさんと出かけるときは公園でサッカーをしたり、走り回ったりして十分に運動しています。そして習い事をやめると決めたとき、初めての自転車を買い与えました。いずれ一緒に遠出できるようにと、補助輪を早く外すために練習中です。

このように楽しみながら支出を減らし、毎月7万5000円ほどが残せる家計になりました。来春、子どもが小学校に進学すれば保育料の約5万円がかからなくなり、貯蓄できる額はさらに増えます。

ひとり親が働きながら子育てをすることは、経済的にも生活の面でも難しさがあると思います。一人でうまくいかない歯がゆさや悩みもあるでしょうが、迷ったときはいったん立ち止まり、客観的に見て無理がないか、行きすぎていないかを振り返ることが大切です。Rさんも本当に必要な支出なのか、今の支出が当たり前になっていないか、基本に立ち返って見つめ直すことの大切さを学んだそうです。人は今のことしか見えなくなりがちですが、先の見通しを立てて前進してほしいと思います。

＊　＊　＊

「子どものために」でかえって子どもに迷惑をかけることも……

最近は晩婚・晩産化が進み、「初めて子を持つ年齢」が上がっています。都会では、アラフォー世代で初めて子どもを持つ人はもはや珍しくありません。あるいは、10歳以上の年齢差のあるご夫婦がお子さんをもうける、つまり夫の年齢がある程度いってから父親になるという人にもよく出会います。

そうなると、家計の面で何が起こるのでしょう。子育てが始まるときには、親は35歳、40歳のいわゆる働き盛り。親の収入がピークに向かうときなので、幼少期からふんだんに教育費をかけやすい環境ができてしまっているのです。このような風潮には、少子化も影響しているのでしょう。1家庭の子どもは1人あるいは2人ということが多く、そのため、小さいときから水泳だ、英会話だ、塾だとさまざまな習い事をさせがちです。教育にあまりにも熱が入りすぎ、ついつい家計の中の教育費の比率が高くなります。手取り月収が40万円、そのうち教育費が10万円を超える。そんなご家庭もよく見かけるのです。

子どものためにお金をかけるということが悪いと言いたいわけではありません。そのお金をかけている「今の年齢」を、きちんと意識してくださいと言いたいのです。

教育費は多くの場合、大学を卒業するまでかかります。子どもが大学生のとき、親は何歳になっているでしょう。50代でしょうか、60代でしょうか。幼児や小学生の頃に教育費をかけすぎて、このときに蓄えがごくわずかしかないとなると、どうなってしまうでしょう。

それはつまり、自分たちの老後資金が準備できないということになるのです。人生の中でお金の貯め時の一つといわれる、「子どもの独立後から老後生活に入るまでの間」が、とても短くなっているのです。40代で子どもを持った人などの場合、子どもの大学入学時にはすでに定年を迎えており、この最後の貯め時が存在しないというケースすらあるのです。

老後資金がないと、将来、子どもから仕送りをしてもらったり、一緒に暮らして生活費を助けてもらったり。介護施設に入れば、自分たちの年金だけでは施設の使用料を支払えず、金銭的な負担まで、子どもに強いることになってしまうかもしれません。

皮肉なことですが、教育に熱を入れすぎた結果、子どもに迷惑をかけた生き方をしなくてはいけなくなることがあるのです。これではいけませんよね。

教育貧乏に陥らないために、育児・教育費用の捉え方のポイント

今の40代、50代以上の世代は、幼少期から多くの習い事をしたり、塾代も多額にかけてもらって育ったという人は少ないはずです。

ですが今は、昔に比べると収入が落ちているとはいえ、共働きが増加し、子どもの数が減ったため、「子どもに手をかけて当たり前」という風潮が出てきています。ですから、子どもをターゲットにしたさまざまな習い事が登場し、塾のバリエーションも昔とは比較にならないぐらいです。しかも、その広告戦略たるや巧みです。教育熱心な所に住んでいたりすると、駅に貼られたポスターやポスティングされるチラシを見かけるたびに、「教育熱心でないことが悪い」「教育にお金をかけないのは悪い」ように感じさせられることさえあるでしょう。

このような背景もあり、「中の上家庭」にはうっかり教育費をかけすぎてしまい、果てには破綻寸前、というご家庭が存在するのです。まさしく、この章で取り上げてきたような家

庭です。

人生100年といわれる長寿時代の今、子どもの教育期間を終えてからの親の人生はますます長くなっています。しかも、晩産であれば、子育て後の生活の大半が年金生活となるのです。教育費だけでパンクしていてはその後、立ちゆかなくなります。そのことを肝に銘じ、気をつけていかなくてはいけません。

教育費のかけすぎに気がついたら、「あれも」「これも」と手あたり次第に習い事をやらせるのではなく、子どものやる気や適性に応じて絞っていくなどして、適宜、調整することが必要です。

子どものために手をかけ、お金もかけてあげたいという親心はよくわかりますが、お金の面で頑張りすぎると、将来かえって、老後資金で子どもに迷惑をかけてしまうことになるかもしれません。

老後資金は無理をせず、家族の協力を得ながら早めに準備したいもの。それが将来、子どもに迷惑をかけない生き方にもなるのです。

第5章

ダブルインカムなのに赤字転落 共働き家庭の罠

あえての別財布で貯金できる？「思いやり」で赤字になる夫婦

「お互いに稼ぎのある夫婦でも家計は一緒がいいのでしょうが、あえて別々にして貯蓄も増やせる方法はないですか」

男性会社員のSさん（43）が1人で相談に来ました。妻（42）はアパレル関係の会社に勤めています。現在の貯蓄額は30万円。夫の自分に万が一のことがあったら妻の生活を保障できないし、老後資金も不安だと話します。

妻のスマホ代もなぜか夫が負担

早速、家計の状況を確認しようとしたところ、Sさんが話すのは自身の収入と支出についてのみ。家計全体について聞きたいのに妻の収支については口を閉ざしたままです。

その点を追及すると、Sさんからは「生活に必要なお金は僕の収入から出しているので、僕がやりくりを変えればいいと思う」との答えが返ってきました。「支出を分担し、それぞれがお金を管理する今のやり方を変えたくはない。家計を一緒にすると、妻が仕事関係で自由にお金を使えない」とこだわります。妻を自由にさせたい、自分が面倒を見てあげたいという気持ちが強すぎるのです。

生活費はほぼすべてSさんの収入から拠出。妻には住宅ローンの繰り上げ返済のための資金を積み立ててもらっている以外は、仕事関係で必要な服や美容、交際費など自由に使わせています。Sさんは「妻は毎月の積み立てと自分のボーナスを合わせて毎年、100万円を繰り上げ返済してくれている。問題はない」と主張しますが、これでは妻の収支が毎月どうなっているのか全くわかりません。

生活費を負担するSさんの支出は、生命保険料が内容の割に高く、嗜好品への支出も多め。毎月、赤字に陥っています。スマホのアプリで家計簿をつけているので、支出についてはすらすらと答えられます。例えばSさんはお酒が飲めませんが、妻は毎月1万5000円ほどをお酒に費やします。スマホや生命保険料も妻の分まで負担。自分のための支出は公的機関が運営するスポーツジムの利用料ぐらいです。

◪夫婦で組んだ住宅ローン、毎月の返済は夫

また、赤字の大きな原因はSさんの収入の4割ほどを占める毎月の住宅ローンの返済。3年ほど前にローンを組んだときは、2人の収入を合わせて返済計画を立てたのに、毎月の返済はSさんの収入からのみです。

こんな状況で「妻に自由にお金を使ってほしい」と気遣ってばかりいるわけにはいきません。別の日に妻と2人で相談に来てもらい、支出の分担を変えることを検討しました。

妻は家計が全体で赤字であることや、生活費がいくらかかっているかも把握していませんでした。妻に支出を聞くと、生活費は食費と日用品代についてはSさんと同じ程度の金額を負担しています。住宅ローンの繰り上げ返済資金の積み立てはしているものの、それ以外は美容費などで使い切り、貯蓄はできていません。現状を理解してから、妻は申し訳なさそうにしていました。

そこで妻のお金の使い方を変えることにしました。まず、食費などの生活費が重複していると無駄な支出につながるので、共有の財布を作り、毎月5万円を生活費として財布に入れるようにしました。被服、交際、娯楽、美容にかかる費用は節約を心がけてもらい、繰り上

改善前　　**改善後**

手取り収入：夫　**252,000**円 ❶
貯蓄：　**30**万円

月の支出（夫管理分）			
費目	金額	改善後	増減額
住居費（ローン＋管理費＋駐車場）	109,000		
食費	45,000	63,000	（18,000）
水道光熱費	16,000	15,000	（▲1,000）
通信費（スマホ代2台）	15,000		
生命保険料	35,000	15,000	（▲20,000）
日用品代	5,000	9,000	（4,000）
医療費	1,000		
教育費（ジム代）	2,000		
交通費	2,000		
被服費	3,000		
交際費	5,000		
娯楽費	0		
こづかい	0	10,000	（10,000）
嗜好品（妻のお酒）	15,000		
その他（新聞・NHK・理美容・ペットなど）	14,000		
支出合計 ❷	**267,000**		
❶－❷＝	**▲15,000**	**増減額計**	**▲11,000**

手取り収入：妻　**203,000**円 ❸

月の支出（妻管理分）			
費目	金額	改善後	増減額
食費	42,000		
日用品代	5,000		
被服費	25,000	15,000	（▲10,000）
交際費	23,000	11,000	（▲12,000）
娯楽費	20,000	10,000	（▲10,000）
その他（美容費使途不明）	23,000	18,000	（▲5,000）
繰り上げ返済用貯金	65,000	30,000	（▲35,000）
家計へ	0	50,000	（50,000）
通常の貯蓄	0	50,000	（50,000）
支出合計	**203,000**		
❸－❹＝	**0**	**増減額計**	**▲19,000**

改善前

夫は「妻に自由にお金を使ってほしい」と気遣っているが、妻は全く家計を把握していない。負担は夫にばかりかかり、全体でも赤字に。貯蓄も少ない

改善後

妻に家計の状況を理解してもらい、生活費も毎月、拠出して夫と一部共有して管理することに。妻には毎月５万円の貯蓄を担当してもらった

げ返済用の積立額を減らしました。

◪繰り上げ返済は控除終了後に

住宅ローンは現在、年末の残高の1%の控除を受けています。ローン金利は変動で約0・7%。単純に考えると、住宅ローン控除で残高の0・3%分、得をしていることになります。控除はあと7年受けられるので、当面は繰り上げ返済に一生懸命になるより、生活防衛のための資金を貯める方が先決です。毎年の繰り上げ返済をやめ、控除の期間が終わってから繰り上げ返済するよう積立額を減らしました。

そこで浮いたお金を貯蓄に回します。貯蓄額は毎月5万円としました。この試みで妻の収支は毎月1万9000円ほどの黒字となるので、それは妻が自由に使っていい小遣いとしました。

Sさんはというと、妻が生活費を拠出するようになり、食料や日用品を重複で買うといった無駄をなくせました。スマホは会社の付き合いの関係で格安スマホに替えることはできませんでしたが、生命保険を掛け捨て中心の商品に切り替えたことで支出を大きく減らせました。Sさんも自由に使える小遣いを設けたことなどで、以前より1万1000円ほど支出は増えた形ですが、妻が生活費に5万円を拠出するようになったので、実質的には差し引き2万4000円ほどの黒字となりました。

老後資金づくりも気になっていたSさんですが、余ったお金はまずは貯蓄に。Sさんの希望を聞きつつ、本人に勉強をしてもらってから投資信託の積み立てなどを始め、妻の貯蓄と併走して資産形成を目指すようにしました。

今回はSさんの過剰ともいえる妻への思いやりが赤字の原因になっていましたが、妻が家計の状況を理解し協力したことで、かなり改善しました。一部、共有で管理する部分を作りましたが、お互いの収支の状況は月に一度は報告し合うこととしながら、「別財布」を維持する希望は通しました。

お金を効率よく使い、効果的に貯蓄するにはやはり、夫婦で収支を共有できていることが条件です。その意味で別財布を維持することは今後、難しくなるかもしれません。夫婦のお金は風通しよく。それができれば、場合によっては別財布でもうまくできる期間を長くできるのかもしれません。

仕事を辞めたい妻と、2馬力にこだわる夫。家計の落としどころは？

女性会社員のTさん（33）は会社員の夫（35）と共働きです。Tさんは妊娠中で、出産後は子育てに専念するために仕事は辞めようと考えています。それを機にこれまで夫と費目別に分担していた家計を一緒に管理したいと思っています。

一方、夫はTさんが仕事を続けることを希望しており、産休後には復職してほしいようです。費目別に家計を分担する今の方式も変えたくはないそうです。

出産後は夫の収入だけで暮らしたい

夫の手取り月収は約40万円です。Tさん夫婦の家計は夫が家賃、水道光熱費、生命保険料の計13万6000円を負担したうえで、生活費として10万円を家計に入れています。貯蓄も夫の担当で、毎月約9万円を貯めています。残る約8万円は夫の小遣いです。これにTさんの手取り約16万円のすべてを合わせて家計をやりくりしています。現状はこれで暮らしていけますが、出産を機に退職するとTさんの収入は途絶えます。

「今後も第2子、第3子とたくさんの子どもを授かりたい。子どもが大きくなるまでは夫の収入だけで生活させてほしいが、夫が同意してくれなければ家計は赤字になる。夫を説得する方法はないか」というのがTさんの相談です。

そうは言っても、Tさんは夫の収入はもちろん、夫のお金の使い道についてもしっかりとは把握していません。そのため夫に確認してもらったところ、「今の分担方式を維持するなら」と渋々教えてくれたそうです。

◪夫は飲み代の減額に抵抗感を示す

夫によると、家計から支出している5万円の交際費は夫が仕事上必要で、自己負担しなければならないものがほとんどでした。一方、家計には計上していない8万円の小遣いはそれとは別に、友人らとの飲み会や買い物などに使っているようです。どうやら夫は、家計を一

改善前			改善後		
家計への提出：夫	100,000円	計264,000円 ❶	夫 406,000円	計406,000円 ❸	
手取り収入：妻	164,000円		妻 0円		
貯蓄：	290万円				

月の支出

費目	金額			増減額
住居費（家賃＋管理費＋駐車場）	夫		97,000	
食費	71,000	→	52,000	(▲19,000)
水道光熱費	夫		14,000	
通信費（スマホ代、固定電話、ネット回線）	23,000	→	9,000	(▲14,000)
生命保険料	夫		25,000	
日用品代	5,000			
医療費	1,000			
教育費	0			
交通費	4,000			
被服費	12,000	→	8,000	(▲4,000)
交際費	50,000	→	10,000	(▲40,000)
娯楽費	3,000			
こづかい（ランチ代夫・妻各1万円）	20,000	→	70,000	(▲50,000)
嗜好品（夫のタバコ）	14,000			
その他（新聞・NHK・理美容など）	17,000	→	13,000	(▲4,000)
支出合計 ❷	**220,000**		❹ **325,000**	
❶－❷＝	**44,000**		❸－❹＝**81,000**	
			増減額計	**▲31,000**

改善前 → **改善後**

共働きだが家計を別々に管理している。夫の給与の手取りは約40万円で、家賃、水道光熱費、生命保険料は負担しているものの、それ以外に家計に入れているのは10万円だけで、妊娠中の妻は夫の収支を把握できていない。妻の月16万円の手取り収入すべてを合わせた約26万円で家計は何とか黒字を保っている。出産を機に退職する予定の妻は、夫が家計に入れる金額を増やしてほしいが、夫は難色を示している

夫婦で一緒に家計を管理する方法に転換した。実際に子どもが生まれると、夫は子育てや教育にかかる費用について具体的に考えられるようになり、家計管理の大変さも実感した。夫は妻に子育てに専念してもらうよう決心。飲み会に行く頻度も徐々に減らすなど、夫の収入だけで家計をやりくりできるよう夫婦で工夫した結果、毎月8万円の貯蓄ができる見通しになった

緒に管理すると、この自分の小遣いが減ってしまうと警戒しているようです。

夫が今の方式をどうしても維持したいのであれば、夫が担当している貯蓄をやめて生活費に回すことも考えましたが、子どもが生まれるのに貯蓄ができないのは心配です。Tさんには夫と時間をかけて話し合うよう提案しました。その一方で私の家計相談に夫にも来てもらい、子どもが生まれることで必要になる費用などについてTさんと一緒に考えてもらいました。しかし、出産が近くなっても夫の考え方は変わりませんでした。

そうこうしているうちにTさんは出産しました。子どもが生まれて1～2カ月は出産費用や祝い金など出入りが激しく、家計の状況もよくわからなくなり、不足するとTさんの独身時代の貯蓄から生活費を捻出してしのいでいました。

ただ、貯蓄は多くはなく、「この生活も長くは続けられない」とTさんはやりくりする自信を徐々になくしていきました。しかし、そうしているうちに夫のお金の使い方が少しずつ変わってきたのです。

まず、飲み会に行く頻度が徐々に減ってきました。夫は「子どもがこんなにもかわいいとは思わなかった」と言い、「顔が見たい」「風呂に入れてあげたい」と早く帰宅するようになりました。

また、「子どもは母親がしっかりと世話した方がよく、同時に教育費も貯めなければならない。両方をかなえるには妻に無理して働いてもらうのではなく、自分の収入だけでやりくりするしかない」との結論にいたりました。妻との話し合いで家計管理の大変さも理解できたようで、夫婦で家計を一緒に管理する方式に転換することにしました。

◪夫の収入だけでも月8万円強の貯蓄が可能に

その後、夫の収入だけで生活する方法を夫婦で話し合ってもらいました。夫はスマホの家計簿アプリを使って管理すると言い、Tさんも同じアプリを夫と同じＩＤで使って家計を一緒に見ていくことにしました。

大きく変えたのは交際費と小遣いです。これまでは夫が仕事上必要な交際費として家計から5万円を支出していましたが、それも含めて夫婦2人の小遣いを計7万円としました。夫にとってはそれまでの交際費と小遣いの合計額13万円から大幅減となりますが、「飲み会は仕事で必要なものだけに厳選するし、何より子どもに会うために早く帰りたいから問題ない」

と言います。一方、交際費は１万円だけを残し、来客のもてなしや親戚の家に行くときのお土産代に使ったり、Ｔさんが友人と昼食したりする費用などに充てることにしました。

もし、夫の交際費がやむを得ず不足したら、「特別支出」として貯蓄から捻出する考えです。また、夫の弁当をＴさんが作ることになり、これまで家計では小遣いとして計上していた昼食代は必要なくなりました。

ほかにも外食を減らし自炊を増やして食費を削減。スマホを格安スマホに切り替えて通信費も減らしました。洋服は必要なものだけを買うようにし、美容室は近場の安いところに変えるなどして被服費やその他費用も削りました。こうした取り組みで月々の支出を約３万円削減し、妻が退職した後も夫の収入だけで毎月８万円強の貯蓄ができる家計になりました。

◪夫婦で一緒に家計を管理するのが最善

もちろん、共働き夫婦で家計を別々に管理していても、上手にやりくりしている家庭はありますし、その方法を真っ向から否定するつもりはありません。しかし、私が相談を受けているケースでは、別々に家計を管理している夫婦はそれぞれ視野が狭くなっていて、お金について幅広く考えることができなくなっているように感じます。つまり、自分の収入について、配偶者や子どもも含めた「家族全員のお金」と捉えることができない人が多いように思えるのです。

ただ、家族はお互いに支え合うものです。誰が損をして得をするかではなく、全員が幸せになるように家族でよく話し合えるのが理想でしょう。そのための最善策はやはり、夫婦で家計を一緒に管理し、効率よくやりくりをしていくことだと私は思います。

たとえ家計管理について配偶者の協力が得られない場合でも、Tさん夫婦のように子どもの出産などをきっかけとして、家計を共有できるようになることもあるのです。

収入減を家族にひた隠しにした夫
突然の借金発覚に妻は……

「私が必死の思いで貯めたお金で、夫の借金を返さなければならないとは……」

会社員のUさん（35）が今にも泣き出しそうな表情で相談に訪れました。Uさんは会社員の夫（37）と共働きで、小学3年の長男、小学1年の次男との4人暮らしです。

家計は夫婦が別々に管理する方式で、生活費は妻が手取り月収の全額23万6000円を、夫が手取りから20万円を拠出し、計43万6000円でやりくりしてきました。Uさんは「マイホームや子どもたちの教育の資金のため」と毎月、コツコツと貯蓄を増やしてきたのです。

◪車の買い替え、家族に相談しない夫

夫は好き勝手にお金を使うタイプです。家計には夫のために5万円の小遣い枠がありますが、家計に拠出する20万円以外のお金でも趣味や娯楽を楽しんでいます。例えば、趣味の車。車検代や年1回の任意保険料は家計に入れるボーナスで負担する一方、毎月2万8000円の自動車ローンやガソリン代、維持費については夫が支払っています。その代わり、車を買い替えるときなどは家族に全く相談がありません。

また、ゴルフやスポーツジムにも足しげく通い、子どもたちへのプレゼントも頻繁に買ってきます。Uさんは「ずいぶん羽振りがいいな」と思うこともあったそうですが、20万円の生活費は家計に入れてくれるし、「お金が足りない」と小遣いを余分にねだることもなかっ

たので、黙認していたそうです。

そんな状態が夫の人事異動を機に一変しました。夫は毎月20万円の生活費こそ変わらず入れるものの、スポーツジムにはぱったりと行かなくなり、ゴルフや子どもへのプレゼントの回数も極端に減りました。Uさんは「夫は元気がなくなり、ため息をつくことが多くなった」と振り返ります。

「そのときに気がつけばよかったのだが、コミュニケーション不足だった」とUさん。夫の置かれた状況を知ったのは、偶然目にしたクレジットカードの請求書です。夫婦で使っているパソコンを立ち上げると、カードの請求画面が出てきたのです。その中にはキャッシングもあり、借金を重ねていることが判明しました。夫が深刻な状況に陥っていることに気づいたUさんが夫に理由を尋ねると、夫の収入が急変している実態が浮き彫りになりました。

■手取りが10万近く減ったのを妻に知られたくなかった

夫は家計からの小遣い以外に、手取り月収から生活費の20万円を引いた差額についても全額を小遣いに充てていました。そのことは妻もわかってはいましたが、実はその額が毎月10

万～15万円もありました。つまり、夫の手取り月収は30万円から月によっては35万円あったのです。

それを支えていたのは出張手当や残業代などの諸手当でした。しかし人事異動で夫が移ったのは、残業は少なく出張などがない部署。労働環境はむしろ以前に比べ改善しているのですが、諸手当がなくなり、金銭的に徐々に苦しくなっていたのです。夫の手取り月収は26万4000円までに減っていました。

夫は「家計からの小遣いで何とかやりくりしよう」と努力しましたが、車のローンの返済やガソリン代、維持費などでほぼ底をつきます。「収入が減ったので小遣いを増やしてほしいと妻にお願いするのは恥ずかしいし、家族を困らせることにもなる」と考えた夫は、スポーツジムをやめたりゴルフを控えたりして節約に徹しました。小遣いで払っていた昼食を抜く日も増えてきました。

それでも仕事上の付き合いでどうしてもゴルフや飲み会に行かなければならないことがあり、クレジットカードを使い始めました。ただ、カードでの支払いができないところもあり、現金を用意するためキャッシングにも手を出したのです。夫はキャッシングも含めてカードの利用限度額をほぼ上限まで使い切っており、その額は計90万円に上ります。

Uさんはこの返済を自分がコツコツ積み立ててきた貯蓄から支払わなければならないと思うと、心底悲しくなりましたが、仕方がありません。ただ、このような事態に二度と陥らないためにも、家計のやりくりや家族に必要なお金について夫に理解してもらう必要があります。

◩夫婦が家計を共同管理する方式に転換

私は「夫も手取り月収全額を生活費として拠出し、夫婦が共同で家計を管理すべきだ」と提案。私を含めた3人で今後について話し合いました。

まず、夫の趣味の車から手をつけました。車には家族も乗るからという理由で、ローンを家計で負担することにしました。一方、ガソリン代や維持費は夫の小遣いでまかなうことにしました。そして何より、仮に車を買い替えるとしたら、今後は予算や車種などについて家族にちゃんと相談することを夫に約束させました。

ただ、ガソリン代や維持費に加え、仕事上の付き合いのゴルフや飲み会の費用まで夫に小遣いで負担させると、不足するのは目に見えています。このため、夫の収入から20万円を引いた6万4000円を小遣いの額としました。さらにUさんの「情け」で1万円を追加し、夫の小遣いを月7万4000円としました。

家計を点検すると、ほかに削減できそうな費目はありません。Uさんはそれだけしっかりと家計をやりくりしてきたのです。

とはいえ、少しでも節約したいと言うので、すでに大手の携帯電話会社から切り替えていた格安スマートフォンの契約会社やプランをさらに見直し、利用料金を削減しました。また、自分一人で車で出かけることが多かった夫が家族を乗せて遊びに連れて行くようになり、娯楽費も減らせました。こうした取り組みで月に貯蓄できる金額が以前より2万2000円増え、8万7000円になりました。

夫があまり痛い思いをせずに家計は改善したように見えますが、クレジットカードの件ではUさんが夫を強く叱責し、Uさんの目の前で解約を申し込ませました。そして、今後カードで決済をしたいのなら、クレジットカードのブランドのついたデビットカードやプリペイドカードを、自分の小遣いの範囲内で使うことを約束させました。

Uさん夫妻は、家計を別々に管理する共働き夫婦が陥りやすい落とし穴にはまっていました。もともと夫婦の会話が少なく、お互いのお金の使い方も把握できていなかったのです。そのことを反省したUさん夫妻は次第に会話を増やしていきました。家計を共同で管理するには夫婦のコミュニケーションは欠かせません。「夫がキャッシングで借金を抱える」というトラブルはあったものの、家計が改善していくのならば「けがの功名」と言えるかもしれません。

ただ、Uさんの夫ぐらいの利用額で済めば貯蓄から返済できるかもしれませんが、もっと増えていたら貯蓄が底をつくばかりか、任意整理などを検討しなくてはならない状況に追い込まれます。Uさんは夫の傷がまだ浅い状態で対処できたのが不幸中の幸いでした。

待望の妊娠でも収入激減？アラフォー夫婦を襲う危機

「妊娠したのはうれしいが、出産の予定日がちょうど収入が減る時期に重なる。やっていけるだろうか」。自営業の主婦、Vさん（37）が相談に訪れました。

Vさんは派遣社員の夫（37）と2人暮らし。結婚して7年ほどたってから、ようやく第1子を授かりました。もともと技術系の公務員だった夫は、仕事上の事故のけがが原因で退職。その後、就職先を見つけられず、5年前から派遣社員として働いています。会社は「5年勤めれば正社員に起用する」と説明しており、今年の契約期間の満了日で丸5年勤めたことになります。子どもが生まれ、夫は正社員になり、ようやく家族の基盤がしっかりするとの喜びに満ちていました。

派遣社員の夫、口約束通りに正社員にはなれず

しかし、夫の会社の説明は実態とは異なるものでした。契約期間満了後に正社員になれた人は実はこの5年間、1人もいません。正社員になっても収入は変わらないどころか、派遣社員のときよりも減る見込みです。それなのにサービス残業も多いのです。寝耳に水の現実を知り、会社への信頼を失った夫は、半年後に正社員になることはあきらめ、派遣社員としての契約も更新しないことにしました。

今の会社を辞めて別の会社で派遣社員として働くこともできますが、夫は再び派遣社員として働く気持ちにはどうしてもなれません。ただ、契約を更新せずに自己都合の退職とみなされれば、失業手当が出るまで3カ月の給付制限期間があり、収入が途絶えてしまいます。

一方、Vさんは在宅でイラストを描く仕事と、映像関係の機材を持ち運ぶ仕事の2つをこなしています。ただ、おなかの中の子どもと母体の安全を優先し、機材を運ぶ仕事は制限。その結果、仕事は2つとも継続するものの、収入はそれまでの3分の2ほどに減りました。

このようにVさん夫婦は出産時期に重なる夫や自分の仕事の変化、収入減をうまく乗り切らなくてはいけません。

妊娠によって妻の収入も3分の2に減少

夫と3分の2に減ったVさんの収入は計38万円ほど。以前のように貯蓄はできなくなったものの、仕事の経費や2人の国民健康保険料、国民年金保険料の支払いを含めても何とかやってはいけます。やはり気がかりなのは半年後、夫の仕事が見つからず、収入が途絶え、その状態が長く続く事態です。

不安そうなVさんと一緒に家計を改善していきました。機材を運ぶ仕事を制限し、Vさんが自宅にいる時間が増えたことを踏まえ、外食中心の生活を見直しました。Vさんは幸い、つわりはひどくはなく、料理も苦ではなかったので3食のほとんどを自炊。夫の昼食もできるだけ弁当かおにぎりを持参したことで、食費はかなり減りました。

Vさんが自宅にいる時間が増えたので、水道光熱費が上がる心配もありましたが、使う部屋以外の電気は消し、エアコンもできるだけつけないようにし、入浴時の洗い場ではシャワーではなく湯船のお湯を利用、残り湯も再利用するといった努力をしました。

生命保険は子どもが生まれ家族が増えたときに必要な保障内容に見直し、スマホは格安スマホに替えました。Vさんのヨガ教室もやめ、安定期に入ってから産院運営の無料のヨガ教室に参加することにしました。服をクリーニングに出すことは極力避け、自宅で洗い、アイロンをかけるようにしました。Vさんは出産が近づくにつれて体形が変わるので、今の体形に合った服は買わないようにし、マタニティー用や産後の服は、今後の蓄えから可能な範囲で購入していくことにしました。

収入が減ったうえに妻は妊娠しているので、交際費や酒代は自然と減り、自宅で過ごす時間が増えたため娯楽費も減りました。美容室も割安なところに行くようになりました。

こうした取り組みで月の支出を6万3000円減らすことができ、夫が離職し子どもが生まれる半年後までに37万円ほどの貯蓄ができる見込みとなりました。

◤出産育児一時金の直接支払いも利用

ただ、出産前後は突発的な支出に対応できないと不安です。出産にかかる自己負担を少しでも抑えるため、産院で「出産育児一時金直接支払制度」を利用することにしました。

これはいったん産院に自分で支払ってから後で出産育児一時金を受け取るのではなく、一時金の42万円を直接、出産費用に充てられる制度で、退院時の自己負担額を少なくできますし、出産費用より一時金が多ければ差額を受け取ることができます。

家計の見通しが立ったところで、夫は派遣の仕事を続けながら、新しい職場探しも始めました。40歳手前という年齢や今までの経歴を考えると、すぐに見つけることは難しいかもしれませんが、覚悟を決めて「自分の力を発揮できるところはあるはずだ」「ぜひとも正社員で就職する」とやる気です。いったん落ち着いたVさんの家計ですが、夫の再就職によって再び、大きく左右されるでしょう。

このように、私たちの生活や収入は、予想もしなかったことが起こることも珍しくありません。そこでどう対応していくかが、その後の生活を左右します。少々困難だと思えることがあっても決して投げやりにならず、対策を考えてみてください。

自分たちが受けられるサポートにはどのようなものがあるのか。生活をどのように工夫できるのか。その可能性を探り、できることはしっかりとやっていくことの大切さを認識していてほしいと思います。

＊＊＊

「2馬力」は家計全体の収支を見渡しにくくなる

夫婦共働きで、収入が2カ所以上からあることを、「2馬力」と呼んでいますが、この2

馬力のご家庭では、先にも出てきたように、「夫婦別財布」の家計管理であることが多いものです。

この「夫婦別財布」は現代の家計のあり方として当たり前になってきていますが、やはり家計全体の収支を見渡すことは難しくなります。なぜなら、「自分の収入を使い切ってしまっても、配偶者がきちんと貯めてくれているだろう」「2人分の収入で黒字であれば問題はないだろう」とつい考えてしまうからです。もし、夫婦どちらもがこのように考えて自分の収入を使い切ってしまっていた場合、当然、貯蓄はいっこうに増えていきません。不測の事態が起き、お金が急に必要になったが対応できない、ということが起こりがちです。こういう事態になってはじめて、「2人とも貯金をしていなかった」ということが発覚するのです。

また、この章で取り上げた例のように、一度別会計に慣れてしまうと、今まで自由に使えていた自分の収入を相手にまるまる渡すことに激しい抵抗感を感じるようになります。

そして、例えば、病気やけが、または出産などで一時的に1馬力になったとき、1人分の収入では生活をカバーできず、「君が働けないうちは、君の貯蓄から生活費を払ってよ」などという、ちょっと非道にも感じるような別財布の家計管理が継続されがちです。

誰が稼いだお金であっても「みんなのお金」と考える

家族が一緒に暮らすうえで大切なことは、誰が稼いできたお金であっても「みんなで暮らすお金」と考えられることです。確かにお金を稼ぐのには苦労がつきものではありますが、そもそも何のために稼いできたのかを再認識してほしいと思います。会社員の方なら毎月支払われるお給料は、決して個人が自由に使うためだけに支払われているのではなく、家族が安心して暮らすため、あるいは次の世代を育むため、という意味も含まれていると思うのです。

だからと言って、相手に献上しっ放しもよくありません。バランスよく、生活にきちんと使い、自分の楽しみにも少々充てて、貯蓄もできることが一番いいのです。

夫婦別財布の家計運営にはさまざまな方法があり、それぞれにメリット・デメリットがあります。

「２人分の収入を一つにまとめてそれぞれ小遣い制でやる」と、自由に使えるお金が少なく、やや窮屈に感じるかもしれません。あるいは、「家賃は夫で食費は妻などというように費目別に支出負担を決める」と、支出のばらつきによって不公平を感じることもあるでしょう。「各15万円や各20万円ずつ共有財布に出す形の運営」にしても、夫婦の間に収入の違いがあれば、負担感の違いが生じることがあるかもしれません。

どのような管理の仕方をするかは家族の置かれた状況を基にご夫婦で話し合って決めてほしいですが、せめて「互いの収入がどれぐらいなのか」や「毎月どれぐらいのお金を使っているのか」を把握できるような工夫は、必ずしてほしいと思っています。

財布を一つに合わせられなくとも、収入や支出の仕方を知っていれば、お金の使い方の方針は話し合えます。

そうできれば、節約のポイントや大切にしていきたい支出も見え、仮に今後「子どもが生まれた」「家を買う」という大きなライフイベントが発生したときでも、その後の暮らし方を考えやすくなるからです。

互いに知っていれば、産休中はどうするとか、保育園代はどのように支払おうか、収入が少ない期間はどのように暮らそうかなど、きちんと前向きに考えやすいのです。

共働き家計は「1馬力になっても大丈夫なように」管理する

この章で紹介した事例は、多くが「2馬力の収入があって当たり前」というご家庭でした。それまでずっと互いの収入ありきの運営だったため、収入が減ったときにとまどい、家計管理が困難となったのです。これらの例から学べるのは、2馬力で働いていたとしても、「1馬力になったときにどうするか」をきちんと考えておくことの大切さです。

人生何が起こるかはわかりません。そのときに対応できる準備について、きちんと話し合っておくことが大切なのです。よりよい保険の加入の仕方や、万が一に使える制度を知っておくことも大切です。そして、困った時に家族がどう対応するかも話し合っておくことが大切なのです。

家計は、そしてご夫婦は風通しよくあってほしい、ほかの章でも伝えましたが、家計のあり方はそれができれば、多くはうまくいくのではないかと考えています。

COLUMN

婚活に月13万円？ 40歳男性が言えない本当の使途

「結婚のための資金を貯めたいけれど、なぜか思ったほど貯まらない」

独身の男性会社員のWさん（40）が相談に訪れました。給与は年俸制で支給されており、ボーナスはありません。毎月の手取りは48万円ほどで、自動積立定期預金で毎月10万円を先取り貯蓄しています。残ったお金はほぼ使い切るそうで、生活費は１人暮らしで月38万円ほどになります。

Wさんの現在の貯蓄額は２７０万円ほど。毎月10万円を積み立てているにもかかわらず、まずこの貯蓄額の少なさが腑《ふ》に落ちません。つまり、38万円の生活費を超えて貯蓄にまで食い込んでいる出費があるはずです。それが何なのか、38万円をどれくらい飛び出ているのかなど原因を探る必要があります。

Wさんにお金の使い方を聞き、家計表にまとめていくと、食費や水道光熱費などを含め極端に多い費目はありません。スマホも格安スマホに切り替え済みです。洋服には気を使わない性格なので被服費も抑えられており、散髪もいわゆる「1000円カット」で済ませるなど、節約している印象です。

誰にも言えなかった月18万円の「自分費」の中身とは?

しかし、Wさんの家計表には「自分費」と名づけた自分のために自由に使っていい費目があり、その額が毎月18万円と非常に大きいのです。

何ともアンバランスな印象を受けました。自分費を除く生活費は20万円と節約しているのに対し、自分費がそれに匹敵する18万円。一体この自分費にはどのような支出が含まれているのか、問いたださなければ話は先に進みません。

しかし、Wさんは自分費に関してだけは口をつぐみます。

長い沈黙が続いた後、Wさんが重い口をようやく開きました。自分費の内訳は実家の母親への仕送りが2万円、自分の小遣いが3万円、そして残りの13万円が結婚相談所への支払いなどいわゆる婚活のための費用だったのです。実際には小遣いの3万円を婚活に充てることもよくあります。30代後半から「母親が元気なうちに孫の顔を見せたい」

改善前		改善後
手取り収入：	482,000円 ❶	
貯蓄：	270万円	

月の支出

費目	金額	改善後	増減額
住居費（家賃＋管理費）	70,000		
食費	42,000		
水道光熱費	15,000		
通信費（格安スマホ代、ネット回線）	9,500	→ 8,500	（▲1,000）
生命保険料	7,000		
日用品代	5,000		
医療費	2,000		
教育費（英会話教室）	5,000		
交通費	21,000	→ 10,000	（▲11,000）
被服費	3,000		
交際費	10,000	→ 8,000	（▲2,000）
娯楽費	6,000		
自分費（婚活費用や小遣いなど）	180,000	→ 100,000	（▲80,000）
嗜好品	0		
その他（新聞・NHK・理美容など）	6,000		
積立定期預金	100,000		
支出合計 ❷	481,500	増減額計	▲94,000
❶－❷＝	500		

改善前 →

積立定期預金で10万円の先取り貯蓄ができているし、生活費の支出は地味で目立った浪費は感じられない。しかし、婚活費用や小遣いなど「自分費」が18万円と多額で、家計を圧迫しているのが明らか

改善後

「婚活」と称して出会い系サイトなどの利用で高額になっていた「自分費」を見直すため、婚活の方法をのものを変え、タクシー代など交通費も含め関連費用を削減。その分を個人型確定拠出年金やつみたてNISAで運用していくことにした

との思いが強くなりましたが、職場では出会いがなく、Wさんの焦りは次第に増していきました。

ただ、婚活とはいえ費用が高すぎるのがどうしても気になります。

「そんなにお金がかかる結婚相談所はどんなシステムで、どこまでのサービスを提供してくれるのか」。私は興味本位ではなく、Wさんのためを思って質問を続けました。すると、Wさんは深いため息をつき、「わかりました。すべてを正直にさらけ出します」と切り出し、せきを切ったように話し始めました。

出会い系サイトや風俗で１４００万円を使う

婚活費用の中には確かに結婚相談所の利用料金も含まれていましたが、実際は出会い系サイトで知り合った女性との交際費や風俗に通う費用が大半を占めていたのです。

「なぜそんなことになったのか」と聞くと、Wさんは「気軽に複数の女性と交際できるし、サイトは仕事から帰ってから夜にも利用できるのが魅力だった」と言います。そして次第に結婚よりも快楽を求めるようになり、「出会い系サイトの利用や風俗通いをやめることができなくなっている」と打ち明けてくれました。これまでにこうした快楽に費やしたお金は総額で1400万円にも上るそうです。

自動積立定期預金で毎月10万円を貯めていたのに270万円しか貯蓄がなかったのは、こうした出費が過度になった際、やはり預貯金から引き出していたからのようです。話を聞き、すべて納得がいきました。

「出会い系サイトや風俗への出費が問題だということは自分でもよくわかっている。しかし、自分一人で抑制するのは難しくて……」。こんな刹那的な生き方をやめたい、そうでないと貯蓄はもっと減ってしまうということはWさん自身、十分理解しています。

貯蓄のためにまず精神面のコントロールが必要

Wさんに必要なのは支出を削減する手段を伝えるというより、むしろ精神面をどうコントロールしていくかです。精神面を制御できれば、貯蓄は今よりもいいペースで増やしていけます。風俗はもちろん、出会い系サイトも相手がどんな女性で何が目的なのかよくわからないシステムなので、だまされてしまうことも少なくないでしょう。それよりも本気で結婚したいのなら、相手の女性のことがよくわかる形で出会いの場を設けてくれるシステムを利用する方にお金をかけるべきです。

Wさんには婚活のあり方そのものを考え直し、結婚相談所に支払う会費や紹介料なども見直してもらいました。その結果、自分費の18万円については、母への仕送り2万円、小遣い3万円は維持しつつ、婚活費用やそれ以外の交際費などは5万円に減らし、計8万円減の10万円に抑えました。出会い系サイトの利用などをやめたことからタクシーの利用も減り、交通費も削減。スマホも主にインターネットしか使っていないのに通話料を重視したプランだったので、こちらも見直しました。

ｉＤｅＣｏとつみたてＮＩＳＡで強制的に貯蓄

そして自分費から浮かせた8万円や、スマホなどの通信費、交通費の削減で捻出した計9万4000円の多くをいわば強制的に貯蓄するため、給与から天引きする形で運用に回すことにしました。

まず、Wさんが勤める会社には企業年金制度がなかったこともあり、ｉＤｅＣｏ（個人型確定拠出年金）に毎月、上限の2万3000円を投資し、老後資金を蓄えることにしました。iDeCoは60歳になるまでは原則引き出せませんから、お金を貯めるには最適です。併せてつみたてNISAで結婚費用などを貯めることにしました。つみたてNISAは年間40万円まで積み立てできるので、月3万3000円ほどが積み立てられます。iDeCoとつみたてNISAを合わせ毎月5万6000円を運用に回し、従来の10万円の自動積立預金も継続することにしました。

Wさんの生活費に問題はありませんでしたが、快楽への出費が習慣になり、多額になっていたことが貯蓄できない原因でした。そんな状態で日々のやりくりに気を使っていても、刹那的な出費が多ければ意味がなかったでしょう。

悪しき習慣だと本人はわかっていても、一人で改善することは難しいものです。傷口が広がる前に専門家など第三者に早めに相談すべきでしょう。

第 6 章

思わぬ落とし穴 不動産とローンでつまずく家庭

貯蓄を減らさないようローン？本末転倒な家計

「家も車も買ったけど貯蓄はあります。毎月、貯めることもできているので大丈夫ですよね」と、家計の状態に「優良」という太鼓判が欲しくてやってきた会社員のXさん（38）。今は共働きの奥さん（35）と2人暮らしですが、金銭的な準備が整ったら子どもをもうけたいと考えているそうです。

Xさんは「将来のためにきちんと準備をしてから子どもを持ちたいのです」と言います。貯蓄額は1000万円。子どものための貯蓄を今後どう増やしていくか、また、お子さんができた後の生活費はどうなるのかを検討するために、家計表を見せていただきました。すると、収入は約49万円ありますが、支出が約47万円あります。詳細はわかりませんが、少し支出が多すぎると私は感じました。

「日常生活にはお金をかけすぎないよう気をつけていますが、将来のためになることについてはお金を使っています。メリハリですよ」とXさんは自信たっぷりな様子です。確かに日常の生活費には問題を感じませんが、住居費、自動車関連費、生命保険料、医療費、教育費などが、家族構成や収入の割には高くなっています。このままの状態でお子さんが増えると、瞬く間に赤字家計に転落してしまいます。

1000万の貯金があるのに300万の車をローンで購入

Xさんは、賃貸住宅より持ち家の方が長い目で見れば住居費を安くできるし、若いうちに買ってしまえば住宅ローンも早く終わると考え、金利が3%の時期に住宅を購入しました。その後、住宅ローンの借り換えなどは検討もしていません。

また、「貯蓄を減らしたくないから」と300万円を超える自動車をローンで購入。金利は3・2%でローン期間は5年。利息については「考えていなかった」と言います。

生命保険は相談先で薦められたものに入っているそうですが、かけすぎのようにも感じます。医療費の大部分は健康維持のためのサプリメント。病気予防と美容を目的に2人で飲んでいるのだそう。特に奥さんは美容系のサプリを多く飲んでいます。

また、体力維持のために夫はフィットネスクラブに通い、トレーナーをつけて週1回運動しています。さらに、海外旅行や海外転勤の予定などはないそうですが、マンツーマンで授業を受ける英会話教室に通っています。

そのほかの支出は、すでに格安スマホに乗り換えていますし、水道光熱費も意識して節約しているようでしたので、まず、前述の気になる費目の改善方法を考えていくことにしました。

ただ、改善するに当たっては、Xさんが大切にしている「将来のために」という気持ちを尊重しながら臨まなくてはいけません。奥さんにも面談に同席いただき、何度か話し合いを繰り返しながら、時間をかけて改善していきました。

まず、自動車です。ローンを利用することで利息という無駄な支出が生じてしまうことへの意識が薄いようです。5年間で25万円以上もの利息を払うことになるのに、気にせず返済を続けています。貯蓄を減らすことになりますが、無駄な支出をなくすために、300万円ほどの残債がある自動車ローンを一括返済しました。

健康のためのサプリにもお金をかけすぎているように思えました。効果があるのかないのかを考えながら、「いる、いらない」を検討しました。すると、効果を感じずに惰性で飲ん

改善前 **改善後**

手取り収入：夫 296,000円
妻 193,000円 計489,000円 ❶
貯蓄： 1,000万円

月の支出			
費目	金額		増減額
住居費（ローン＋管理費＋駐車場）	151,000	→ 117,000	（▲34,000）
食費	52,000		
水道光熱費	21,000		
通信費（スマホ代、固定電話）	6,000		
生命保険料	48,000	→ 24,000	（▲24,000）
日用品代	6,000		
医療費（サプリ代）	28,000	→ 17,000	（▲11,000）
自動車関連費（ローン、保険、維持費）	68,000	→ 19,000	（▲49,000）
交通費	3,000		
被服費	5,000		
交際費	5,000		
娯楽費	11,000		
教育費（習い事）	44,000	→ 15,000	（▲29,000）
嗜好品	3,000		
その他（新聞・NHK・理美容など）	18,000		
支出合計 ❷	**469,000**		**削減額計▲147,000**
❶－❷＝	**20,000**		

改善前 → **改善後**

将来のために貯蓄を減らしたくないとローンに頼ったり、健康維持などにお金をかけたりと、黒字ではあるがバランスが悪い家計。子どもができるとすぐに赤字になってしまう可能性がある。将来のことだけでなく、現在についてもしっかりとした家計に変えるべき

住宅、車、サプリ、フィットネス、英会話教室などへの支出が多かったので、必要かどうかを検討して減らした。住宅ローン、自動車ローンは利息負担を減らすために一括返済したり、借り換えたりした。毎月17万円弱を貯蓄に回せる家計になった

でいたものがいくつかあり、それらをやめました。

夫のフィットネスクラブはトレーナーから習ったトレーニング内容を自分で覚えたため、そろそろ一人でもできそうだと思っているそうです。トレーナーの指導をやめ、時々、見てもらう方法に変えました。

英会話は日常で使う機会がなく、上達もあまりしていないそうです。ただ、学びたいという気持ちがあるので、教室を少し割安な月謝のところに変えて継続することにしました。これで習い事費用はかなり抑えられました。生命保険は「念のため」と加入したものが多かったので、保障内容を見直しました。

■「ローンを組めばお得」に惑わされない

これらと同時進行で、住宅ローンの借り換えを検討しました。借入残高は約2000万円で借入金利は3％、返済期間も20年ぐらい残っているので、今のマイナス金利の状況を考えると、借り換えによって十分にメリットが出ます。借り換えた結果、借入金利は0・8％になりました。返済期間の短縮も考えましたが、自動車ローンの返済で貯蓄を300万円取り崩したことや、お子さんが生まれた後の生活費を考え、毎月の返済額の負担を軽くすることにしました。Xさんには貯蓄がありますから、少しまとめて繰り上げ返済することも検討しました。残高の2000万円をそのまま借り換えると、毎月の返済額は9万1000円です。もし300万円を繰り上げ返済し、1700万円を借りるなら毎月の返済額は7万7000円になります。

生活費の圧縮具合と年間の貯蓄予定額を計算すると、住宅ローンを300万円繰り上げ返済した場合、年間貯蓄見込み額は、毎月の余剰金だけで年間200万円になります。自動車の一括返済と合わせると、貯蓄を取り崩した600万円分は3年で取り返せる計算です。このようにシミュレーションし、300万円を繰り上げ返済したうえで、1700万円で住宅ローンを借り換えました。

こうしてXさんの家計は最終的に支出を14万7000円削減でき、今までのわずかな黒字額と合わせ毎月16万7000円も貯蓄できることになりました。このペースを保っていけば、ボーナスがなくても年間200万円の貯蓄が可能です。

「貯蓄さえ残っていれば大丈夫だと思い込んで無駄な支出を見逃していました。毎月これだけのゆとりができれば、子どもができてもやっていけるという自信が持てました」とXさんは話します。

将来を考えて資金づくりに懸命な若い方は多いのですが、懸命にやっているつもりでも、知らず知らずのうちに無駄な支出をしていることもあります。今は低金利なので「ローンを組めばお得ですよ」と巧みに誘われ、何を買うにもローンを組んでしまう人がいますが、利息を払うデメリットをきちんと理解してほしいものです。

「貯蓄は将来のため」と強く意識するあまり、足元で損をしていたら元も子もありません。そうならないように、一度、家計全体を点検してみることをお勧めします。

「マンション維持費で赤字に」思い込み夫婦の行く末

「毎月の赤字をボーナスで補塡しているが、もう限界です」

会社員のYさん（40）がパートの妻（38）を引き連れ、憔悴《しょうすい》した様子で相談に来ました。

Yさんは妻と小学3年生の長男、保育園年長の長女の４人暮らし。10年ほど前に購入したマンションに住んでいます。Yさんと妻のパートの収入を合わせた月の手取り給料は45万円ほどありますが、毎月９万円ほどの大赤字です。

このままでは２１０万円ある貯蓄を取り崩さざるを得ない状況に追い込まれ、Yさん夫婦は危機感を覚えるようになったそうです。

■「家賃収入は貯蓄に回せる唯一の収入源」

Yさんは実は独身時代に購入したマンションを所有しており、現在は賃貸物件としています。ローンの支払いは終わっていますが、維持費がかかっています。Yさんは「家計が赤字なので手放した方がいい」と思いつつ、それでも入居者がいるときは家賃収入を得ることができるため「貯蓄に回せる唯一の収入源」と手放せないでいます。

その一方でYさんは「貸しマンションの維持費が赤字の元凶」と決めつけているようです。しかし、本当にそうなのでしょうか？　貸しマンションだけにこだわり、家計全般を見ようとしないYさんの姿勢に疑問を抱いた私は、貸しマンションの維持費がどの程度家計に影響を与えているのかを探るため、支出全体の状況を調べさせてもらいました。

するど、9万円ほどの赤字のうち貸しマンションの維持費は4万円ほどを占めていましたが、赤字のすべてが維持費のせいだとは言い切れません。それよりも目についたのはほかの費目の支出です。食費が月に10万6000円、被服費2万3000円、交際費2万8000円、娯楽費3万5000円……。いわゆる「メタボ家計」であることが一目瞭然でした。

Yさんは手取りで年間130万円ほどのボーナスをもらっています。しかし、毎月の赤字の補填に加え、固定資産税や任意で加入した自動車保険の保険料などを支払うとボーナスはきれいになくなってしまうどころか、足りないくらいです。このままでは家計が回らなくなり、近いうちに貯蓄を取り崩さざるを得ないのは明らかです。Yさん夫婦は「どうやって家計を見直したらいいのか皆目わからない。助けてほしい」と訴えます。

まず支出の「異常値」を見つける

私はYさんの家庭の家計を見直すに当たり、貸しマンションについては現在の相場や実際の評価額の詳細がわからないこともあり、手放すか否かをしばらく保留としました。そのうえで夫婦と子ども２人の家庭の一般的な支出と比較してみました。この手法は一般的な家庭の家計を目標にするというわけではなく、支出の「異常値」を見つけるのが目的です。Ｙさんの支出の「異常値」は前述したように食費、被服費、交際費、娯楽費といった「変動費」でした。まず、これらの費目の削減に取り組むことにしました。

そのために私が最初にアドバイスしたのはクレジットカードの利用を控えてもらうことでした。Ｙさん夫婦は基本的にカード決済で買い物をしており、スマホの家計簿アプリなども利用していないため、いくら使ったのかが見えにくくなっていました。そのことが支出が多くなりすぎる原因の一つでした。そのため現金主義に変えてもらうことも提案したのですが、「ポイントを貯めたい」というＹさん夫婦の意向もあり、ＬＩＮＥ Ｐａｙカードなどチャージしてから使うプリペイドカードで買い物をしてもらうことにしました。毎週決まった曜日に予算で決められた金額だけをチャージすれば、チャージ額が利用の上限額となるので使いすぎを防げます。

プリペイドカードで支出全体の上限を強制的に設定した後は、それぞれの費目について具体的な削減方法をアドバイスしました。スマホはすでに格安スマホに切り替えていたり、生命保険も見直したりしており、Yさんなりに節約を意識し始めているようでしたが、依然として甘いところが多くありました。

食費の削減は定番ですが、「無駄な食材を出さない」「外食に頼りすぎない」ことを目標にしました。Yさん夫婦はネットスーパーを頻繁に利用していましたが、「予算を決めてから」という計画性がなかったため、いつも買いすぎていたのです。このため、日用品も含めて1週間の予算をきちんと設定することにしました。また、妻はもともと「夜に外食に行くと帰宅時間が遅くなり、子どもたちの翌日の生活に影響することが気になっていた」ようで、外食については少し背中を押す程度で減らすことができました。

◪「欲しい」と「必要」を振り分けて支出を抑える

被服費や交際費、娯楽費も「無計画な支出」で、もっと言えば「無駄遣い」に近い状況でした。このため、買う前に「欲しい」「必要」のどちらの意思で購入するのかをちゃんと考えてもらいました。

Yさん夫婦は「意外に無駄な支出が多かった。これからは必要なものだけを買うようにしたい」と反省したようで、少しずつですが支出を抑えられるようになってきました。それでも「後から『無駄な買い物だった』と気づくことがまだある」と言い、無駄を徹底的に排除すれば支出をさらに減らせそうです。

こうした取り組みで月に9万5000円ほどの支出を削減し、毎月の収支はトントンになりました。貯蓄に回せるほどの余剰金はありませんが、毎月の赤字の補塡に使っていたボーナスが残るようになりました。固定資産税や自動車の保険料を支払ってもボーナスの大部分が残り、年間で90万円ほど貯蓄できる見込みです。

「子に奨学金はイヤ」ローンに埋もれる夫婦の決断は

「また今回も、教育ローンを使うべきでしょうか」。都内在住の主婦Zさん(49)が青ざめながら家計相談にやってきました。一体、何が起きたのでしょうか。

Zさんは会社員の夫と次男と3人で暮らし、事務職の正社員として働いています。次男は高校3年生で、大学受験に向け塾に通いながら熱心に勉強しているようです。しかし、困ったことに教育資金が足りません。

Zさんは「子どものうちから借金を背負わせるのはどうしても嫌だ」と考えています。「奨学金でなく、教育ローンを使って大学に通わせたい」と言うのです。既に独立し会社員となった長男（24）のときも教育ローンを利用。「長男にしてやったように、公平に次男にもローンを使うつもりだ」と言います。果たしてZさんの言うことは妥当でしょうか？

月赤字は7万～8万、ローン負担重く

新規でローンを利用してもよいか検討する前に、まず現在の家計状況を聞きました。「家計簿は十分つけていないが、多分赤字になっていると思う」とZさん。細かく聞くと、毎月の赤字は7万～8万円。「メタボ支出」の項目が多い様子がわかります。

加えて目を引いたのが、ローンの種類の多さです。先述の長男の教育ローンの返済がまだ残っているうえに、住宅ローンがあります。さらに自動車のリース。これは毎月の支払いが発生する点で、ローンと似ています。スマホは格安なのですが、端末代を使用料とともに支

払う分割払いにしており、これもローンを組んでいるのと似ています。クレジットカードによる買い物の分割払いも複数あります。この状態でさらに次男の教育ローンを増やすのは、家計に大きな負担となります。

◤「特別な支出」を言い訳にしない

Zさん夫婦のように「家計を改善したいけれども、どう見直せばよいかわからない」と言う人がよくいます。そういう場合は一般的な家庭の家計と自身の家計とを比較して極端に支出の多い費目を洗い出し、その支出が本当に必要なのかどうかを考えていくと、家計改善のポイントを見つけやすくなります。

前出のYさんのように貸しマンションの維持費などのせいにして、ほかの費目の支出が「メタボ」になっていることに気づかない例も珍しくありません。一般的な家庭にはない特別な支出があるときに限って、人はそれを言い訳にするものです。そうした姿勢を改め、客観的にどこに原因があるのかを見つけられれば、家計はよい方向に向かっていくのです。

そこで、ローンを1つずつ消していくことにします。まず住宅ローン。Zさんの場合、残債が多い一方、金利はあまり高くないので借り換えしても効果は薄そうです。手続きの煩雑さも踏まえ、これは後回しにします。長男の教育ローンも一括返済できる額ではなく、コツコツ返済せざるを得ない状況です。

1つの解決策として見出したのは、自動車リースです。自動車リースは一定額を支払えば自動車に乗れるという利点があります。ただし、車体に残価を設定して月支払額を決めるため、契約終了時に、①もう一度リースを組む、②返却する、③残価を支払って自分の所有物にする――を選ぶ必要があります。①は全体の支払いが重くなる可能性があり、②は次の自動車をどうするかという問題があります。Zさんの暮らし方を踏まえ、③と決め、70万円を払うことにしました。

さらにスマホ代や自動車ローン、自動車保険は年一括払いに切り替えて、月当たりの負担を軽減しました。スマホの端末代も、分割にするより一括で支払った方が割安で、3台分で5万円程度の残債を全額支払うことにしました。ローン残高の減少が毎月の固定費の軽減につながります。

ローンの対策を終えたら、次は生活費の圧縮に着手します。共働きで時間がないとの理由

改善前		改善後
手取り収入：夫 296,000円 妻 172,000円	計 468,000円 ❶	夫 296,000円 妻 172,000円 長男 30,000円 計 498,000円 ❸
貯蓄： 230万円		貯蓄：130万円

月の支出			
費目	金額		増減額
住居費（住宅ローン）	106,000		
食費	84,000	→	61,000（▲23,000）
水道光熱費	21,000		
通信費（スマホ代、固定電話、ネット回線）	22,000	→	19,000（▲3,000）
生命保険料	29,000		
日用品代	12,000	→	9,000（▲3,000）
自動車関連費（リース代、ガソリン代）	18,000	→	5,000（▲13,000）
医療費	6,000		
教育費	51,000		
交通費	14,000		
被服費	23,000	→	12,000（▲11,000）
交際費	8,000		
娯楽費	2,000		
こづかい（夫3万円、妻1万円、次男2万円）	80,000	→	60,000（▲20,000）
嗜好品（タバコ）	3,000		
その他（新聞・NHK・理美容など）	19,000	→	15,000（▲4,000）
ローン返済	43,000	→	32,000（▲11,000）
支出合計	❷ **541,000**		❹ **453,000**

❶－❷＝**▲73,000**　❸－❹＝**45,000**

増減額計　**▲88,000**

改善前 → **改善後**

ローンの返済が多い。共働きを理由に外食、クリーニング代もかさみ、支出が必要以上に多くなっている。貯蓄も少なく、老後資金が心配。早急に改善が必要……

ローンのうち、完済できるものは返し、毎月の支払い負担を軽減。貯蓄は一時的に減ったものの、収支を黒字化し、貯蓄が増えるようにした。さらに長男からの仕送りが始まったおかげで、4万5000円の黒字を実現！

で外食の機会が増加。仕事帰りに百貨店で総菜を買い込むことで、あっという間に支出がかさみます。高校生の次男には月2万円の昼食代を小遣いとして与えていましたが、作り置きや冷凍保存が可能なもので手づくりしたり弁当を作ったりするようにしました。昼食代も減り、夫婦で1万円、次男1万円それぞれ小遣いを少なくできたといいます。洗濯も外部のサービスに依存せず、自分たちでやるようになりました。ほとんど見なくなった有料テレビの契約も打ち切り。この結果、毎月の支出は実に8万8000円削減できました。

ただこれだけでは、「冒頭の次男の教育資金をどう捻出するか」の解決にはなりません。一段上の削減策を考えていると、見かねた長男が月3万円を仕送りしてくれるようになりました。そこでようやく、4万5000円の月黒字が実現、次男の教育ローンを組んでも返済できる体制が整ったのです。

ローンは結果として高い買い物になる

しかしここで安心してはいけません。Zさんは教育費で頭がいっぱいになって気づいていませんが、老後資金がほとんどないのです。Zさんの勤め先に退職金が期待できず、夫も転職しているため、800万円がやっとの状況。貯蓄が130万円まで減ってしまったZさん夫婦は、早急に老後資金の形成方法を考えなくてはなりません。すると、Zさんが嫌がっていた奨学金が選択肢に入ってきます。

Zさんにそんな話を投げかけたところ、Zさんは何かに気づいたのでしょう。次男とともに学校主催の奨学金説明会に積極的に参加するようになったのです。一連の支出削減を通じ、お金をつくることの大変さがわかったのでしょう。家族みんなで相談し、返済プランをしっかり立てれば奨学金も重い負担にならないと思います。

子どもの教育資金形成に熱心な親ほど、自分の老後資金は忘れがち。でも、教育費にお金を投じすぎると、自分たちの生活費がなくなり、結果として将来の子どもたちに負担を与えてしまうことを肝に銘じてほしいです。加えて毎月の負担が安くなるからといって、何でもローンを利用するのはやめましょう。最初にせっかく安く買っても、後まで返済が残り、結果として高い買い物になりがちです。

＊＊＊

「中の上」家庭のためのローンのポイントは？

普通に収入があるご家庭、特に本書で取り上げているような「中の上家庭」では、住宅や車を買うとき、子どもの学費を調達するときなど、人生の要所要所でローンを申し込みたくなるタイミングがあり、また、その審査が通りやすい環境にもあります。

ローンを組むときにチェックされるのは、主にその勤務先や年収です。平均以上の年収のある「中の上家庭」は、その気になれば、住宅ローンを組み、教育ローンを借り、クレジットカードの分割払いで買い物をし、信用販売の分割払いも組むなど、やりたいようにできる傾向にあると思います。ただ、多くの人がそれらの併用に慎重になるのは、「きちんと支払いができるか、将来への貯蓄もしていけるのか」をきちんと考えているからです。ここの考え方が甘いと、ローンで失敗し、一気に転落することがあります。

もしも、これらのローンをすべて利用していたとしたら、毎月いくら返済していくことになるでしょう。もしかすると、その返済だけで収入の半分以上を占め、生活費を圧迫するものになってしまうかもしれません。ローンは大きな買い物をする際の支えになりますが、使い方を間違えると、非常に怖いのです。

私が家計相談を仕事にしたいと思ったきっかけは「借金家計の再生」の必要性を感じたからです。借金を抱えるご家庭、もしくはその人自身は、「お金を払ってお金を借りる」という行為にあまり疑問を感じません。このままじゃまずいなと思うことがあっても、支払期限がくるので、目先の返済をするために、またお金を借りてしまいます。お金が足りずに生活用品が買えない場合は、クレジットカードで買い物です。そして返済に困る。そういったことの繰り返しでだんだんと利用できる金額がなくなり、行き詰まるという様子を、嫌というほど見てきました。

そして、改善するためには、法律家のもとで債務整理をするしかない。仕方がないと言えばそうですが、それを回避しようと考え、行動しなかったこと、それを事前にアドバイスできなかった自分にも、残念だと強く感じてしまいます。

ですから、ローンの利用の仕方はくれぐれも間違ってほしくありません。間違わないためには、月並みですが「返済計画をしっかりと」。いくらなら返せる、だけではなく、今の収入からいくらを返済に充てると、生活費からいくらお金を残せて貯めていけるから問題ない、もしくは返済金額分の支出負担が増えると、貯めることができないので我が家はローンを使うべきではない、などとしっかりと考えて利用してほしいのです。

利用してほしい業者は、利用者がこのままだと複数併用することになり自分の首をしめることになるとわかっていても利用を勧めてきます。その言葉に乗ってしまうかどうかはあなた次第になります。

もし、自分がローンに頼りがちだとか、クレジットカードを使いすぎる傾向にあると思う人は、利用しない努力をしてみてください。極端な話、一時的に現金主義になり、カードを禁止にして、矯正してほしいとさえ思います。

ローンの支払いが当たり前の支出であるという状況も、できるだけ避けたいものです。固定費化させてはいけません。金利という浪費的な支出を減らしていくことも、上手な家計管理方法の一つなのですから。

終章

脱「あぶない家計簿」のポジティブ・アクション

家計破綻寸前の「中の上家庭」に共通しているものとは？

これまで、さまざまなタイプの、家計破綻に向かう家庭の実例とその改善案を見てきました。

読者の方の中には、本書1章を読んで、「年収が８００万円以上、１０００万円以上もあるのに貯蓄がない、そんな人本当にいるの？」と思われた方もいたかもしれません。ただこれまでの事例を読むことで、実際に貯金がわずかの人、借金すらある人がいることが理解いただけたかと思います。彼らは、年収４００万円、５００万円の人たちが日々やりくりに気を使いお金を貯めている間に、さまざまなことでお金を垂れ流してしまうのです。実にもったいない話です。

どのような収入であっても「あぶない家計簿」に陥ることはあるのですが、特に「中の上家庭」が克服すべき家計上の課題というものがあるように思います。

それは、一言で言えば、「気の緩み」です。毎月の収支がキツキツではないゆとり感、「平均より高収入だから少しくらい無駄遣いをしても大丈夫」という困った自覚、自由にできるお金が比較的多いことからついた習慣的にお金を使う癖……すべての要素が、家計破綻の原因になります。

子育て世代、定年間近世代があぶない理由

私のところに相談に来られる方の年代はさまざまですが、これまで書いた通り、お子さんに教育費がかかる年代、定年間近な年代の「中の上家庭」は、特に危機に陥りやすいように感じています。

子育て家庭の方に特徴的なのは、学校以外にかける、習い事や塾代の多さ。場合によっては、塾代をかけつつ、学校も私立でたっぷりとお金をかけ、もうどうにも教育費が下げられないということもあります。客観的に見ると明らかに学費・教育費のかけすぎなのに、当のご家族は「もっと、もっと」とお金の支払い先を増やそうとします。「子どもの輝かしい将来」のために。

また、定年間近な方は、子育てが一段落し、子どもにお金も手もかからなくなった絶好の貯蓄チャンスなのに、生活費の縮小ができず、だらだらとお金をかけすぎた暮らしを続けが

ちです。子育てをしていたときは「今だけ」と言いつつ教育費にお金をかけ、子育てが一段落したら生活をダウンサイズして老後資金を貯める予定だったのに、結局節約できず、貯める期間がないままに老後生活に突入してしまうということもあります。気が付いたら貯えもできておらず、また、老後の生活費にゆとりもない、そんな状況である人が最近多いと感じています。

また、「年金生活に入る前に住宅ローンを退職金で返し、それ以後は年金でつつましく生きていこう」と安易に計画して失敗する人もいます。退職金で住宅ローンを返してしまうと、定年退職後、介護や医療、リフォームなどに使うための蓄えがなくなってしまいます。また、そもそも「贅沢をしなければ、年金だけで暮らせるだろう」という見込みが甘いものであったということや、老後長きにわたる生活費を補塡する蓄えがないことに定年後に気がつき、慌てる人も多いものです。

いずれにせよ、将来のことは考えず、「今がよければそれでよい」とお金を使ってしまう家計は、あぶない家計だといえます。

そして、最終的には、自分たちの老後にすべてのしわ寄せがきてしまうのです。

「あぶない」と思ったら、まずやるべきことは？

ここまで読んで、我が家も「あぶない家計」なのかもしれない、そう思ったときにまずするべきことはただ一つ。「今の家計状況をきちんと知ること」です。

月々どのぐらいのお金が入ってきて、支出は毎月、何にいくらを使っているのか。貯金はどれぐらいできているのか。月々の正確なお金の流れを知ることが、第一歩です。これを「家計の把握」といっています。

そのためには、何度も書いた通り支出を記録することが必要です。といっても、日々きちんと家計簿をつけるのは、なかなか気構えが必要な作業です。子どもが小さい家庭や共働き家庭では「日々忙しくて、そんな余裕はない」と言う人も多いでしょう。その場合は、本格的なものではなくとも、最近はやりの家計簿アプリを利用してもよいですし、単にノートに今日買ったもののレシートを貼っていくだけでもいいのです。

月々の収入はたいていの人がきちんと把握しているでしょうが、対して、支出は意識しなければ本人たちにもわかりにくいものです。何にいくら使っているか、まずそこが把握できれば、家計の改善方法は考えやすくなります。

家計の把握をして、もし赤字状態ということであれば、その原因となる支出を見つけます。赤字ではなくても毎月、思うように貯金ができていないという状態であれば、月々の支出の中から「これは無駄遣い」と思える支出を見つけます。

では無駄な支出はどのように見つけていけばいいのでしょうか。まず、少し難しく感じるかもしれませんが、支出一つずつについて、まず「要・不要」を改めて考えてみます。例えば、毎月スポーツジム代を払っているが、ここのところ、忙しくて月に1~2回しか行けていない……などの場合、ジム代は「不要」な出費となるかもしれません。自家用車を持っているがほとんど乗らないという家庭で、駐車場代など車にまつわる支出は「不要」かもしれません。子どもが進んで行きたがらない習い事なども、果たして本当に続ける必要があるかどうかなど、ここで考えてみた方がよいと思います。

そこで決着がつけばよいのですが、「要」か「不要」か迷ってなかなか進まない場合というのもあります。

そういう場合は、支出に優先順位をつけてみます。公共料金や日々の食費などは優先順位の高い支出、映画などの娯楽代や外食代などは優先順位の低い支出、といった具合です。結果、優先順位が下位にくる支出は、「今月でなくてもよかった支出」であることが多いでしょう。そうであれば、支出が少ない月に分散する、あるいはいっそ、それに対しては今後、支出しないことに決めてしまうなど、扱い方を考えていけると思います。

消費：浪費：投資＝70：5：25のバランスを目指す

それでもなかなか変わらないという場合は、月々の支出を「消費」「浪費」「投資」の3つに分けて分類してみると、今、使ってよいお金、貯めるべきお金がよりわかりやすくなります。

このうち、「消費」とは、生活する、または生きるために必要な生産性のある支出で、食費や、水道光熱費や通信などの使用料などが当てはまります。

「浪費」は、その名の通り、単純に無駄遣いです。買いすぎて食べきれなかった食料、買ったものの着なかった服など、元は「消費」のはずだったけれど過剰だった支出もここに含まれます。ほかにも、ギャンブル代や不要な利息支払いなども、もちろんこの「浪費」です。

「投資」は将来、自分が発展するために必要な支出をいいます。例えば、資格取得のための通信教育の費用や、勉強するための書籍代などが該当します。将来のための支出という意味で、預貯金も「投資」ですし、株の購入資金など金融投資に充てるお金も「投資」に当てはまります。

世帯年収1500万円以上では、消費：浪費：投資＝50：5：45が理想的

月々の支出をこの3つに振り分けていくとそれぞれの割合が出せると思います。そのバランスが、「消費：浪費：投資＝70：5：25」に近づくようにしていけば、自然と無駄支出を削減していけます。

ただし、この70：5：25のバランスは、世帯収入が800万円くらいまでの場合を想定しています。それ以上の年収ならば、年収の具合によって3つのバランスを変化させたいところです。

まず、ロックしたいのは、「浪費」の割合です。どんな収入であっても5％までとします。世帯年収800万円以上の場合は、「投資」は25％から少し増やし30％を目指し、残りの「消費」の割合を70％ではなく65％にするなど調整をしたいところです。

さらに世帯年収が多く1500万円以上などであれば、消費：浪費：投資＝60：5：35。よりストイックな家計を目指すのであれば、消費：浪費：投資＝50：5：45というバランスがよいでしょう。

無理せず、あくまでじっくり家計を見据えながら、ご家庭に合わせてカスタマイズをしてください。

まずは「固定費」を見直すのがてっとり早い

ではどうすれば「消費」の比率を減らし「投資」を増やしていけるのでしょうか。

家計を立て直すには、まず「無理なく長く続けることができる」節約を実践することが肝になるでしょう。

実践して確実にお金が残りやすく、家計を立て直すことにつながりやすい節約方法として、まずお勧めしたいのが、「変動費」よりも「固定費」を見直すことです。まずはそこから取り組んでみましょう。

具体的には例えばこのようなことから始めてみてはいかがでしょうか。

●生命保険の見直し

↓今の家族構成や心配事に合わせた保障内容にする

●通信費の見直し

↓使い方によっては、格安スマホに替えて月額料金を安くする

●水道光熱費の見直し

↓節水シャワーヘッドで水とガスを節約、ＬＥＤ電球の利用、電力・都市ガスの小売全面自由化による契約会社の見直し

●自動車との付き合い方の見直し

↓居住環境によっては車保有ではなく、カーシェアリングの利用

●住居費の見直し

↓持ち家の方は、住宅ローン借り換えの有効性の確認。賃貸の方は、場合によっては引越し、URなどの利用検討など

こういった月々にかかる固定金額を見直すことにより、家計の支出は大きく変わります。ベースとなる支出が減るということの効果は想像以上に大きいものです。

固定費の見直しは前述した通り、続けやすい節約方法でもあります。

例えば、欲しいものを我慢する日が続けばストレスがたまるかもしれません。ストレスがたまりすぎると爆発して、突如、大きな買い物をしてしまうことがあるかもしれません。このようになる可能性を考えると、無理をして一時的に節約できたとしても、あまり意味がないと思います。将来の家計にはよい影響がないのです。

しかし、固定費の見直しでは何かを我慢することなく、普段通りに暮らして自然に支出が下がるので、ストレスがたまりにくいといえます。我慢した翌月、リバウンドのように支出が増えることはなく、効果が持続しやすいのです。

食費をコントロールするための「1週間財布」

固定費を削減したら次は、変動費の見直しに入ります。

家計の中でコントロールが難しいのは、毎日お金を払いがちな「食費」です。うまくコントロールしている人もいますが、「あぶない家計簿」になりがちな人を見ていると、この部分の支出が過剰になっているケースが多いものです。

日々の食費はコントロールが難しいだけに、私は「食費を制するものは家計を制す」などとも言っています。

この支出の特徴は、給料日直後は支出額が多く、反して、給料日前には少なくなっていくという「尻すぼみ型」になりがちなこと。給料日前に食べたいものを我慢して尻すぼみになる分、給料が入ると、例えば「今夜は我慢していた焼肉を食べよう」「明日は家族でぱっと外食しよう」とリバウンドで支出が多くなりがちです。こうなってしまうと、ある意味、悪循環です。なかなか、月々の支出を減らすことができません。

そこで食費を「尻すぼみ」にならないよう、給料日から次の給料日までの1カ月間、均等に使うことを心がけられれば、比較的うまく節約ができます。

そのためには、1週間の予算を設けて管理する、「1週間財布」を取り込んでみることも一つの手段です。この手法は、食費や日用品など毎日支出しやすい費目を対象にしたものです。

やり方は簡単です。現状の食費が1カ月にいくらかかっているかがわかったら、それを5週間で割り、その金額を1週間の予算とします。現状よりも支出を減らしたいと思うなら、この予算の8割で暮らすことを目標に1週間やりくりします。

1週間が過ぎたら、また新しい予算で次の週をやりくりします。もし、順調にやりくりができて週の予算に余剰が出たら、貯金したり、浪費してみたりと自由に使ってみましょう。もし足りなくて予算以上使ってしまったのなら、そのオーバーした分を次の週から減らして、その減った金額で1週間をやりくりします。

慣れてくると、お金の減るスピードがわかりやすくなり、自然とセーブをかけられるようになります。

たとえば、毎週1万5000円の予算で、いつも週半ばには8000円は残っているはずなのに、今週は５０００円しかないとなれば、「今週は使いすぎているから、週末まで支出は控えよう」など、そんなセーブの仕方をするようになるはずです。

我慢も1週間に満たない期間であれば苦に思うことも少ないでしょう。またこの方法であれば、見えやすく管理しやすいので、家計簿いらずな支出管理法ともいえます。

こういったことに取り組み、支出を減らし、赤字をなくして黒字化していくことが、家計を立て直すために必要なことです。

忘れてはいけない共働き家庭の「財布の共有化」

このように、家計の改善は、地味なことや当たり前のことをコツコツ毎月やることが大切です。この地味な努力をいかにラクをしながら楽しんでやるかが、一番の成功ポイントになるでしょう。

私は職業柄「節約の裏技を教えてください」と聞かれることも多いのですが、結局、裏技、ウルトラCのようなものはありません。

これまで書いたように、自分にできそうな方法を駆使して、現状を改善するためにカットする支出を見つけることが、大切なのです。

もう一つ、肝に銘じてほしいのは、前にも書きましたが、「夫婦や家族でしっかりお金の話をすること」です。夫は教育費にお金をかけたいと思っていて、妻は食費にお金をかけたいと思っている。その2人の願望をそのまま反映させていては、支出を抑えていくことはできません。日頃からよく話をしていれば、「この人はこう考えるだろう」ということや、家族そろって金銭面で目指したいこともわかり、考えの幅が広がります。

最近は共働きが増えており、これまでの事例にあったように家計管理は夫婦がそれぞれ個別に行うというご家庭も増えています。「互いに干渉したくない」「自分が自由に使える部分を残したい」、そういったことが理由でしょう。

しかし、そのバラバラな状態が続いた結果、いざお金が必要になったときに2人ともきちんと貯蓄をしていないことが発覚し、「妻（夫）が貯めていると思ったのに……」ということになりやすいのは、前の章でも紹介した通りです。

お互いに収入があるとはいえ家族なのですから、「自由にできる部分」を残しながら「2人が共同で支払う部分」をできるだけ多くし、お互いにとってわかりやすい家計を作ることが、家庭の「危険回避」に大切なことになります。

そこについて何も考えないでいると、いざお金が必要というときに備えられないほか、例えば子どもが生まれるなど環境の変化で働き手が夫一人になった際、妻に平然と「今まで通り、生活費はきちんと入れてね。君も長く働いてきたんだから貯金があるでしょ」などと少し非情にも感じる発言をしてしまうかもしれません。こうなると、一気に夫婦関係に亀裂が生じる可能性もあります。

本来、共働きであっても財布を一つにすることが理想的ですが、それに抵抗があるなら、「共有する部分を可能な限り広げる」ということを、ぜひ実践してほしいと思います。

貯蓄は3種類を、順番に行う

最近は、使い勝手のよい非課税投資制度が出たので、投資に興味を持つ人も増えてきています。少額なお金を利用して投資する、投資アプリも人気です。

よく、投資したことがない人は「貯金が少ないから投資なんてまだ無理」と思うようです。

それはそれで間違いではないのですが、個人的には「ちょっともったいないなあ」と思ってしまいます。投資はある程度、お金が貯ってから始めようと思っていてもよいのですが、それでは投資する「時間」が少なくなってしまいます。投資で少しずつ資産を増やしたいと思うなら、お金と同様に「時間」もとても大切です。この「時間」を無駄にしてほしくないと思っています。

私は、貯蓄には作るべき順番があって、まずはそれを順番に作ってから投資してくださいと多くの人に話しています。

まず①「使う貯蓄」。これは日々の生活に困らないための貯蓄で、毎月の増減があるものです。金額の目安は「月の生活費の1・5カ月分」です。いつもの生活費に半月分上乗せした金額が常に準備できていると、予定外の支出にも対応できるはずです。貯蓄の流れを崩さないために必要な金額です。

次に②「貯める貯蓄」です。これは主に生活防衛資金となります。病気による休業、勤務先の経営難による失業など収入が途絶える場面で、生活を維持し、立て直すための資金となります。必要な金額は、最低で生活費の6カ月分です。月40万円で暮らしている家庭なら、

２４０万円を貯めておきます。といっても、光熱費や食費など生活を維持するための資金のほかにも、生活していると必要になるお金があると思います。教育資金、マイカー資金などがそれに当たりますが、それはまた別枠として貯めていきます。

６カ月分の生活資金が貯まったら、次に③「増やす貯蓄」となります。これは余裕資金として投資などに回し、将来的な資産形成を図るための貯蓄です。

貯蓄と並行してやっていい投資、やってはいけない投資

とはいえ、この③「増やす貯蓄」にたどり着くまでの、②「貯める貯蓄」を作るまでに意外と時間がかかる見込みだという人が少なくありません。

では、そういう場合は、まだ投資ができないのか？　そんなことはありません。

貯蓄と同じような意味合いでできる投資なら、もし②が貯まりきっていない段階でも、始めても構わないと思うのです。先に述べたように国が勧めている「ｉＤｅＣｏ」や「つみたてＮＩＳＡ」という、運用益に税金のかからない制度ができ、手数料が少なく運用できるようになりました。

ｉＤｅＣｏでは商品選びに注意が必要ですが、つみたてＮＩＳＡは基本的に、金融庁が認めたリスクの少ない商品がそろっています。手数料が少なく、税金もとられず、比較的安全に運用することができるようになったのです。

これらは、長期的に分散して積み立てながら運用していく投資になりますので、時間が非常に大切です。

こういったものに取り組んでみたいと思うのであれば、②「貯める貯蓄」になかなかお金が貯まらないという人の場合、貯金と投資を並行してやる、いわゆる「並走」させることもよいと考えています。

投資は、余裕資金でやることが原則だと思うのですが、私が考える、また国が勧めている投資は、あくまで家計の貯蓄の延長線上にあるものです。つまり、浮き沈みが少なく、将来的に蓄えとして活用できることが見込める資金となるものです。

ただ、この「貯蓄と投資は並走がいいですよ」とお話をすると、一部の人は短期的なもうけを狙い「仮想通貨やＦＸをやってみたい」と考えることがあるようです。しかし、それは先ほどお伝えした「家計の貯蓄の延長線上にある投資」とは異なります。浮き沈みの激しいものは投機的要素が大きく、リスクの高いものです。

せっかく作った、または作っている途中の資産を減らすことになっては本末転倒。元も子もありません。そういった投機的なものは必ず余裕資金、②「貯める貯蓄」にするお金ができてからにしてください。

iDeCoとつみたてNISA、どちらがおすすめ？

ちなみに「iDeCoとつみたてNISAのどちらをやればいいですか？」と聞かれることもよくあります。

iDeCoは拠出金がすべて所得控除になるので所得税と住民税が安くなり、運用益は非課税、受取時も退職所得控除が使えるので、金額によっては全く税金がかからずに運用していけるものです。ただ、自分が加入している企業年金制度によって掛け金の上限が決まっており、一度始めたら原則やめることができず、積み立てているお金は60歳まで引き出せないという縛りがあります。

そのため、老後資金づくりを目的に始めるのであれば大変よい制度です。中小企業では、退職金を作る制度として「企業型確定拠出年金」を取り入れているところも多いものです。そういった、将来的な大きな資金を作ることに向いている制度です。

対してつみたてＮＩＳＡは、積み立てたお金はいつでも自由に引き出せるので、自由資金づくりに最適です。購入できる金融商品は1年間で40万円までで、定期的に購入して積み立てるということが条件となります。購入した金融商品は、20年間非課税で保有できます。20年後の２０３７年まで毎年購入ができるので、掛け金の最大は８００万円となります。こちらは掛け金の所得控除はない代わりに、受取時に税金がかかるということもありません。もしやってみるのであれば、こういった違いを理解して、どちらを始めようかと検討しましょう。

まずはバランス型商品を買ってみて自分のリスク耐性を試す

そもそもの投資が自分にできるものなのかと心配な人は、初めから制度を使わず、課税口座でリスクの少ない商品や手数料の少ないバランス型商品などを購入し、自分がどの程度のリスクまでなら耐えられるかや、株価の変動に心がどの程度動いてしまうかを見て、続けられるかどうかを考えてもよいでしょう。

また、スマホのアプリと、お使いのクレジットカードやデビットカードを活用して、おつりで投資をするということもできます。

その場合、主に海外の投資商品を中心にアプリ側で設定された商品に投資するという方法をとることが多く、こちらも始めやすいかと思います。リスクの段階も3段階以上で設定されているものが多いので、自分に合ったものを選んで始めることができます。

おつり投資の平均額は、毎月1万円前後だそうです。コツコツ投資や投資を始めるきっかけにするには良いかもしれません。


制度や始め方など少し具体的な話になってしまいましたが、結論として、貯蓄が少ない家庭でも家計の貯蓄の延長線上にある投資であれば、貯蓄をしながらその一部のお金を投資に充ててもよいと考えています。むしろ、金利の低い預貯金をするよりも、よい利率で貯めていける可能性があります。

健全な家計を保つために、一番大切なこと

さて、最後に、「あぶない家計」の対極に位置する健全な家計とは、どういう家計だと思われるでしょうか。

常に黒字である家計も健全と言えるでしょうし、蓄えがたくさんある家計を健全だと思う人もいるかもしれません。また、理想的な家計の支出割合を守った家計が健全なものだと思う人もいます。

私は、たとえ黒字であっても、蓄えがあっても、それだけで健全な家計とは言えないと思います。なぜなら、もしかするとお金が適切に使われていない可能性があるからです。また、理想的な家計の支出割合を順守した家計もまた、だから健全とは言いがたいのです。

家計のやりくりを考える前に、私たちには生活があります。その生活が満足のいく内容となるよう、豊かな生活だと感じられるようにすることが生きるうえで大切なことです。おそらく、そうしたいから収入を得るために頑張るし、家計のやりくりにいつも頭を悩ませるのだと思います。つまり、誰しも生きていくうえでお金をかけるべきだと思っていることがあ

り、かけたいと思っていることがあるはずなのです。それを無視してまでする家計のやりくりは、決して健全だとはいえません。

ご家庭により、その人により異なる「お金をかけたい事柄」にお金を使いながら、収入の中で暮らしていくことのできる家計が健全な家計だと私は思います。もちろん、目標に向かう貯蓄もできて、です。

一般的に、家計によいといわれることは、みなさん真似をします。それはそれでいいでしょう。ただ、巷でお勧めされる家計術は、あくまで一般的もしくは一個人がやってみてよかったということであって、あなたやあなたの家族に合わせたものではありません。だから、途中で挫折してしまっても不思議はありません。

家計にも、個性があります。そのご家庭、もしくはあなた自身が大切にしたい支出があるはずです。そこは十分に主張し、尊重してほしいと思います。尊重したうえで、それに合わせたやりくりのできている家計が、理想的なのです。

この本の中で、事例を通して、コラムを通して、いろいろなことをお伝えしてきました。

大切にしたいことはいくつもあるのですが、その中でも大切なのは、自分の、または家族の個性に配慮した支出の仕方をするということです。

一つにこだわって支出を多くするのであれば、違う部分を節約して調整する、それでいいのです。収入という限られた枠の中で、貯蓄もしながら、必要だと思うところにはお金をかけ、不要な支出はカットする。そういったやりくりが、「個性のある家計」を作ります。

ようするに、自分たちにとって意味のあるお金の使い方、貯め方ができる家計が一番強いのです。そしてそれは、誰かが作ってくれるものではなく、自分たちで考え、作り出すものです。事例などを参考に、他者がやっている失敗を自分もしていないか、振り返ってみてください。

気がついたときにすぐ行動する。それができれば、挽回は可能です。

本書は、ＮＩＫＫＥＩ ＳＴＹＬＥ「マネー研究所」（https://style.nikkei.com/money）内にて連載中の「もうかる家計のつくり方」を大幅に編集のうえ、まとめたものです。

横山光昭　よこやま・みつあき

マイエフピー代表取締役。家計再生コンサルタント。ファイナンシャル・プランナー。1971年北海道生まれ。個別の家計相談では、お金の使い方そのものを改善する独自のプログラムで、これまで1万5千人を超える家計を再生した。書籍・雑誌の執筆や講演も多く手がけ、『年収200万円からの貯金生活宣言』『はじめての人のための3000円投資生活』などのベストセラーがある。

日経プレミアシリーズ｜389

あぶない家《か》計《けい》簿《ぼ》

二〇一八年一一月八日　一刷

著者　横山光昭

発行者　金子　豊

発行所　日本経済新聞出版社
https://www.nikkeibook.com/
東京都千代田区大手町一―三―七　〒一〇〇―八〇六六
電話（〇三）三二七〇―〇二五一（代）

装幀　ベターデイズ

組版　マーリンクレイン

印刷・製本　凸版印刷株式会社

ISBN 978-4-532-26389-8　Printed in Japan